Philip Raillon | Gina Quattroventi

Ruhrgebiet

50 MIKROABENTEUER

ZUM ENTDECKEN UND GENIESSEN

360° medien

IMPRESSUM

Ruhrgebiet

50 MIKROABENTEUER ZUM ENTDECKEN UND GENIESSEN

Philip Raillon | Gina Quattroventi

Nachtigallenweg 1 I 40822 Mettmann
360grad-medien.de

Redaktion und Lektorat: Christine Walter

Satz und Layout: Elke Gräfe

Gedruckt und gebunden:
LD Medienhaus GmbH & Co. KG I Feldbachacker 16 I 44149 Dortmund
www.ld-medienhaus.de

Bildnachweis: siehe Seite 272

ISBN: 978-3-96855-301-6
Hergestellt in Deutschland

360grad-medien.de

Vorwort

„Tief im Westen ist es besser, viel besser, als man glaubt ..."

Viele Menschen aus dem Ruhrgebiet verbindet eine ganz besondere Beziehung zu ihrer Heimat. Eine Art inniger Heimatnähe, die aber auch gelegentlich strapaziert wird. Die Region zeichnet eine Vielfältigkeit und Offenheit aus, die in ihrer Art selten ist. Sie ist seit Jahrzehnten Chance und Antrieb zugleich. Wenn wir, die Autoren dieses Buches, im Ausland unterwegs sind, kennen viele höchstens noch den BVB oder Schalke. Ansonsten müssen wir oft erklären, wir kämen aus der „Region Köln". Das schmerzt natürlich in der Seele, is kla. Und bei Reisen innerhalb Deutschlands? Da werden wir gelegentlich mit Vorurteilen konfrontiert. Wenn wir uns in München, Berlin oder Hamburg vorstellen, dann sind eine Mischung aus Sympathie für den Menschenschlag an

Urlaubspanorama in der Metropole Ruhr

der Ruhr und Industrie-Folklore eine häufige Reaktion. Ansonsten ist oft Desinteresse und – für den eingeborenen „Ruhrpottler" geradezu verstörend – manchmal auch ein Hauch von Mitleid zu spüren! „Tief im Westen ist es besser, viel besser, als man glaubt", heißt es im Lied „Bochum" von Herbert Grönemeyer. Auch deshalb stimmt uns positiv, dass gerade junge Menschen von außerhalb das Ruhrgebiet mittlerweile mit etwas Positivem verbinden.

Denn: Mit dem Ruhrgebiet wartet ein Reiseziel, das noch nicht so viele auf dem Zettel haben und doch extrem attraktiv ist. Neben Industriekultur und Fußball warten – man glaubt es kaum – auch Natur und viel Kultur auf die Besucherinnen und Besucher der „Metropole Ruhr". Selbst wir, als zwei echte Kinder des Ruhrgebiets, haben während dieser Recherche nochmal viel Neues entdeckt – und es gäbe noch so viel mehr zu erkunden. Die aus unserer Sicht spannendsten 50 Ausflugsziele (plus zehn „Highlights") haben wir in diesem Buch zusammengetragen. Da dürfte für jeden etwas dabei sein. Genießt es und lernt unsere Heimat kennen – und schätzen. So wie wir es seit Jahren tun.

Philip Raillon und Gina Quattroventi

Inhaltsverzeichnis

Hinweise: Während der Recherche zu diesem Buch änderten Lokale und Besucherattraktionen aufgrund der Corona-Pandemie immer wieder ihre Arbeitsweise. Darum wurde bei den Service-Informationen auf die Angabe von Öffnungszeiten, Preisen etc. verzichtet. Allen Reisenden sei empfohlen, sich aktuell vor Ort bzw. auf den aufgeführten Internetseiten zu informieren.

Aus Gründen der besseren Lesbarkeit wird auf eine geschlechtsneutrale Differenzierung verzichtet. Entsprechende Begriffe gelten im Sinne der Gleichbehandlung grundsätzlich für alle Geschlechter. Die verkürzte Sprachform beinhaltet keine Wertung.

Willkommen im Ruhrgebiet

Der größte Ballungsraum Europas. Rund 5.100.000 Menschen leben nicht nur entlang der namensgebenden Ruhr, sondern zugleich auch an Rhein, Lippe und Emscher. Ihre Heimat: das Ruhrgebiet. Die Region hat in den vergangenen Jahrzehnten viel mit- und durchgemacht.

Die im Vorwort beschriebenen Klischees haben oft einen wahren Ursprung. Vor mehreren Jahrzehnten hatte das Ruhrgebiet touristisch nicht viel zu bieten. Kohle, Qualm und Ruß beherrschten lange Zeit die Stadtbilder. Wirtschaftlich als Rückgrat der Nation war das Ruhrgebiet schon immer hoch angesehen – die damit verbundenen einschneidenden Folgen für Menschen, Umwelt und Zusammenleben aber nicht. Es entstand besagtes schlechtes Bild, das lange auch zutraf. Doch mit dem Ende des Bergbaus wandelte sich die Region nach und nach. Das Markenzeichen des Ruhrgebiets fiel weg, die negativen Folgen blieben. Das stellte die Gegend vor eine große Herausforderung. Auch wegen des schlechten Image wollte weiterhin kaum jemand in die Region kommen. Das ändert sich seit wenigen Jahrzehnten jedoch zunehmend – nicht zuletzt dank der Schwerindustrie. Die prägende Ära von Schwerindustrie und Bergbau blieb und bleibt fest verankert in der Kultur

Die Ruhr-Universität Bochum gilt wegen ihrer Architektur auch als „Hafen des Wissens".

und Identität des Ruhrgebiets. Die Reste der Hochindustrie sind auf eine ganz neue Weise noch immer und wieder prägend für die Metropole Ruhr, wie die Region heute genannt wird.

Radfahren entlang der Ruhr

Heute sind viele Menschen im Ruhrgebiet zu Recht stolz auf diese Orte und ihre Geschichte. Und obwohl gerade die Jüngeren im Ruhrgebiet höchstens aus Erzählungen davon wissen, wie es war, als die Zechentürme förderten und die Hochöfen glühten, identifizieren wir uns alle irgendwie mit Kohle und Stahl. So richtig schwer „malocht" und ein aktives Bergwerk von innen gesehen, das haben aber nur noch die allerwenigsten. Als es im Dezember 2018 auch auf der letzten aktiven Steinkohlezeche, dem Bergwerk Prosper-Haniel in Bottrop, zum letzten Mal „Glück auf!" hieß, ging eine Ära schließlich zu Ende.

Auch wenn die Menschen mittlerweile anderen Tätigkeiten nachgehen, bleibt das Ruhrgebiet noch immer Industrie- und Wirtschaftsregion – wenn auch eine ganz andere. Das Ziel ist, Arbeitsplätze zu erhalten und viele neue zu erschaffen. Dafür sind Großunternehmen mit großen Produktionshallen unerlässlich. Die sollen aber trotzdem umweltfreundlich sein – grüner Wasserstoff spielt dabei eine Rolle. Die dafür maßgeblichen Groß- und Aktienunternehmen profitieren von vielen jungen Menschen, die aus der Region kommen, sich mit ihr identifizieren und eine der hochqualifizierten Ausbildungen durchlaufen oder eine der vielen Hochschulen besuchen. Das Ruhrgebiet wird aber als Region, in der man günstig wohnen kann und es alle Angebote einer Metropolregion gibt, auch für Auswärtige immer attraktiver. Davon profitiert die Wirtschaft ebenfalls, was auch die Ansiedlung von Spitzenforschung, wie dem Max-Planck-Institut in Dortmund, verdeutlicht.

Diese Vielseitigkeit macht das Ruhrgebiet auch als Reisedestination besonders. Das umfassende Angebot aus Kultur, Freizeit, Sport und Großveranstaltungen kann locker mit dem mithalten, was andere europäische Haupt- und Großstädte bieten. Da aber viele Angebote zwischen Ruhr und Emscher sowie Rhein und Lippe noch nicht für den Massentourismus durchgestylt sind, haben sie einen besonderen Charme behalten. Bei der Recherche haben wir immer wieder eine hautnahe und ehrliche Betreuung der Besuchenden erlebt. Das geht oft mit der typischen Ruhrgebiets-Art einher: offen, ehrlich und direkt – für Außenstehende kann das im ersten Moment auch mal befremdlich wirken.

Das Ruhrgebiet hat nicht ein Zentrum – weder kulturell noch hinsichtlich der Arbeits- und Lebenswelt der Menschen. Sie leben in der einen Stadt, treffen sich mit Freunden in der Nachbarstadt und pendeln zur Arbeit in eine ganz andere Ecke der Region. Das führt zu einer ständigen Durchmischung der ohnehin bunten Bevölkerung. Im Ruhrgebiet gibt es durch die Industrievergangenheit Menschen mit vielen verschiedenen kulturellen Hintergründen – insgesamt aus über 150 Nationen. Das macht sich mancherorts in der Kulinarik bemerkbar, etwa in der Dortmunder Nordstadt. Doch bei aller kulinarischen Vielfalt – zum Lebensgefühl der Fußballregion gehören immer noch das Bier und vor allem auch die Currywurst. Jede und jeder kennt eine Bude, wo es die wirklich beste Currywurst gibt. In der Stadt, im Pott und überhaupt deutschlandweit. Hömma, is ja woll kla, ne?!

Die Drachenbrücke an der Halde Hoheward

Die Freizeit verbringen „Pottler" nicht nur in den Städten, sondern

Der Harkortsee zwischen Wetter und Herdecke

auch im vielen Grün in und um die Städte. Und das ist auch für Ausflügler und Reisende ein weiterer Grund, in der Metropole Ruhr einige Tage zu verbringen. Es gibt viele Parks, wie etwa die fünf Revierparks, die für die Stadtbevölkerung gerade im Sommer beliebte Ausflugsziele sind. Und obwohl die Grenzen der einzelnen Städte oft fließend und kaum bemerkbar sind, gibt es dazwischen teils üppige Grüngürtel. An den ehemaligen Industriestandorten haben sich derweil artenreiche Biotope gebildet. Die Stauseen, Flüsse und Kanäle sind attraktive Ziele an heißen Sommertagen, teils sogar zum Schwimmen. Zum Wandern laden Waldgebiete wie die Haard oder die Westruper Heide ein. Außerdem gibt es seit Jahren ein wachsendes Radwegenetz, das schon jetzt sehr gut ausgebaut ist. Auch geografisch und landschaftlich bietet das Ruhrgebiet Abwechslung: Die an sich flache Landschaft endet im Süden des Ruhrgebiets an den Ausläufern der Mittelgebirge – die höchste Erhebung des Ruhrgebiets ist daher der Wengeberg im Ennepe-Ruhr-Kreis, der mit 442 Metern gar nicht mal so niedrig ist. Hinzukommt das „Hochgebirge" des Ruhrgebiets, bestehend aus den über 50 Halden. Sie sind gleichermaßen Bergetappen für Hobbyradfahrer, Fotokulissen und Veranstaltungsorte. Auf über 20 der ehemaligen Abraumberge, die daher eng mit der Industriegeschichte verbunden sind, stehen heute sogenannte Landmarken – Kunstinstallationen, die von der Größe ihrer Standorte profitieren.

WICHTIGE GESCHICHTLICHE DATEN

Der Alltag der Menschen findet in dieser Region ganz besonders im Hier und Jetzt statt. Die Gesellschaft und die Städte haben sich in den vergangenen Jahrzehnten stark gewandelt. Und doch gibt es eine Reihe von historischen Ereignissen, die sich bis heute im Lebensgefühl des Ruhrgebiets bemerkbar machen.

Gegen 1850 nimmt die Industrialisierung im Ruhrgebiet so richtig Fahrt auf. Wo zuvor vor allem Ackerbau und Viehwirtschaft betrieben und Kohle eher nebenbei abgebaut wurde, bekommt der Bergbau eine überragende Bedeutung. Die Zeit der Stollenzechen, in denen in Oberflächennähe abgebaut wurde, geht langsam zu Ende. Stattdessen entstehen dank des technischen Fortschritts die Tiefbauzechen.

In Witten tritt in der hellen Felswand ein Kohleflöz zu Tage (untere Bildhälfte, schwarzer Streifen).

1873: Alfred Krupp und seine Familie beziehen die Villa Hügel oberhalb des Essener Baldeneysees. Die Villa ist Ausdruck des gigantischen Erfolgs der Krupp-Dynastie. Zuvor, 1862, stieg das Unternehmen mit dem neuen Bessemer-Stahlwerk in die Stahl-Massenproduktion ein. Das Unternehmen hatte 20.000 Arbeiter. Krupp sorgte sich um seine Angestellten und schuf soziale Einrichtungen. Die Arbeiterfürsorge hatte aber einen Beigeschmack: Damit sollte auch einer sozialdemokratischen Arbeiterbewegung innerhalb des Konzerns vorgebeugt werden. Die Loyalität zum Mäzen und zum Unternehmen sollte über allem stehen.
1892: Schüler des Realgymnasiums gründen mit dem FC Witten den ersten echten Fußballverein des Ruhrgebiets. Andernorts entstehen in Turnvereinen separate Fußballabteilungen. Der Fußball entwickelt sich nach und nach von einem Akademiker-Sport zur Leidenschaft für alle. Manche Fußballvereine und -abteilungen spielen bis heute herausragende Rollen für Region und Fußball-Deutschland. Allen voran: VfL Bochum (gegründet 1848), FC Schalke 04 (gegründet 1904) und Borussia Dortmund (gegründet 1909).
1906: Die Kanalisierung der Emscher beginnt, durchgeführt von der einige Jahre zuvor gegründeten Emschergenossenschaft. Künftig sollen sämtliche Abwasser von Industrie und Haushalten nur noch durch die Emscher geleitet werden, nicht mehr durch die Ruhr. Bis dahin hatten die Abwasser entlang beider Flüsse regelmäßig für Krankheiten, teils auch für Seuchen, gesorgt. Die Emscher wurde zu einem stinkenden braunen Kanal – genannt „Köttelbecke". Für die Ruhr war sie ein großes Glück. Das Ruhr-Wasser erholte sich nach und nach. Der Fluss wurde Lebensader und Naherholungsgebiet. Heute ist auch die Emscher wieder renaturiert.

Die renaturierte Emscher

Erster und Zweiter Weltkrieg: Das Ruhrgebiet ist das industrielle Rückgrat des Deutschen Kaiserreiches, später von Weimarer Republik und Nazi-Deutschland. Das gilt für die Wirtschaft insgesamt, aber auch für die Rüstungsindustrie. Deshalb rückt die Region in den Fokus der Alliierten Kräfte. In beiden Weltkriegen werden die Städte entlang der Ruhr stark bombardiert. Das ist der Hauptgrund, weshalb es heute kaum alten Baubestand, geschweige denn Altstädte, gibt. Insbesondere nach dem Zweiten Weltkrieg wurde schnell und effizient aufgebaut – aber nicht gerade ansehnlich. Dafür fehlte oft das Geld.

1920: Der Siedlungsverband Ruhrkohlebezirk (SVR) wird gegründet und ist damit die erste deutsche Raumplanungsbehörde. Er soll die Voraussetzungen für die Reparationszahlungen an die

Blick vom Alsumer Berg in Duisburg

Siegermächte nach dem Ersten Weltkrieg schaffen, wofür der Bergbau ausgeweitet werden muss. Außerdem soll der SVR wichtige Grünflächen erhalten und für eine geordnete Regionalplanung sorgen. Der SVR besteht mit veränderter Aufgabenstruktur als Regionalbehörde noch immer fort, heute als Regionalverband Ruhr (*rvr.ruhr*).

1950er- und 1960er-Jahre: Im Ruhrgebiet finden Menschen aus vielen verschiedenen Ländern Arbeit. Durch Anwerbeabkommen, etwa mit Italien und der Türkei, kommen viele sogenannter „Gastarbeiter" in die Region. Sie bringen Familien mit – gerade die Gastarbeiterinnen bekommen dabei gesellschaftlich oft nicht die angemessene Aufmerksamkeit. Die Vorstellung der Politik, die Menschen würden nur vorübergehend kommen, erübrigte sich mit der Zeit. Heute prägen Menschen mit vielen verschiedenen kulturellen Hintergründen das Leben im Ruhrgebiet – oftmals bereits in der dritten oder vierten Generation.

2001: Der Komplex aus Zeche und Kokerei Zollverein wird in die Welterbeliste der UNESCO aufgenommen. Die Zeche Zollverein steht seitdem als beeindruckendes Paradebeispiel für den Strukturwandel im Ruhrgebiet. Zahlreiche ehemalige Industriestandorte sind heute wichtige Denkmäler und Kultur- oder Kunstorte. Ausgezeichnet wurde Zollverein, weil sie ein herausragendes Beispiel für die Bauhaus-Architektur und als solches ein Gesamtkunstwerk sei.

2010: Die Region bereitete sich jahrelang auf das Kulturhauptstadt-Jahr 2010 vor. Unter dem Motto „Ruhr2010" ist die Region europäische Kulturhauptstadt. Dafür wurden viele verschiedene Installationen und Freizeitmöglichkeiten geschaffen. Viele bestehen noch immer. Einer der vielen Höhepunkte des Eventjahres ist das „Stillleben": Dafür wurde die A40 für einen Tag beidseitig gesperrt und eine kilometerlange Tischreihe aufgebaut. Es war ein großes Volksfest.

2018: Mit Prosper-Haniel ist auch in der letzten Ruhrgebiets-Zeche „Schicht im Schacht". Es ist der festliche Schlusspunkt eines über Jahrzehnte andauernden Zechensterbens. Der Abbau war im Ruhrgebiet nicht mehr rentabel – die Vorkommen zu tief, die Löhne zu hoch und Kohle als klimaschädlicher Energieträger immer weniger gefragt. Gleichzeitig zeichnet das Ende des Bergbaus der Region neue Wege auf.

2020: Erstmals wird das Ruhrparlament direkt gewählt. Damit ist die Hoffnung verbunden, dass die Menschen die Metropole Ruhr auch politisch mehr wahrnehmen und sich mit ihr identifizieren. In ihrer Lebenswirklichkeit gehören die Menschen schon heute zusammen – wenn nicht gerade Derby-Wochenende ist und Dortmund gegen Schalke spielt.

Top 10

DER SEHENSWÜRDIGKEITEN IM RUHRGEBIET

1 **Zeche Zollverein:** Die Zeche Zollverein steht stellvertretend für Strukturwandel und den Stolz der ganzen Region. Der Doppelbock-Förderturm war einst das Gerüst von Schacht XII. Diese Anlage war bis 1986 in Betrieb und galt lange als das größte Bergwerk der Welt. Die Zahlen von damals sind heute kaum zu fassen: Bis zu 8000 Bergleute sorgten auf dem Gelände im Essener Norden im Schichtwechsel dafür, dass 23.000 Tonnen Rohkohle an die Oberfläche befördert wurden – und das jeden Tag. Seit 2001 ist die Zeche Zollverein UNESCO-Welterbe. Dazu gehört auch die ehemalige Kokerei. Sie galt als modernste Kokerei Europas. Heute ist Zollverein nicht nur ein echter Blickfang, sondern auch Erlebniswelt und Denkschmiede für den Strukturwandel. Kunst und Kultur haben genauso Platz gefunden wie ein Schwimmbad, eine Start-up-Szene und ein großer Park. Jährlich besuchen etwa anderthalb Millionen Touristinnen und Touristen das Gelände. *zollverein.de*

2 **RuhrtalRadweg:** Der Flussradweg führt von Ost nach West – durch das ganze Ruhrgebiet bis nach Duisburg. Der Weg beginnt noch im Sauerland am Ruhrkopf, wo die Ruhr aus dem Erdboden quillt. Wer sich dann auf den gut ausgebauten Weg macht, rollt etwa bei Kilometer 95 ins Ruhrgebiet. Insgesamt

ist der Weg 240 Kilometer lang. Man fährt durch die Ruhrauen, durch Wälder und entlang von Wohnbebauung. Die zahlreichen Unterkünfte sowie lohnende Seitenabstecher, wie etwa

Industriedenkmäler, machen den Weg zur attraktiven Mehrtages-Tour. Der Allgemeine Deutsche Fahrrad Club hat den RuhrtalRadweg schon mehrfach unter die Top Drei der beliebtesten Radfernwege Deutschlands gewählt. Wer mit der Fließrichtung der Ruhr fährt, also in Richtung Duisburg, hat höchstens kleinere Steigungen zu überwinden. In die andere Richtung warten insgesamt rund 650 Meter Höhenunterschied. *ruhrtalradweg.de*

3

Starlight-Express: Mit bis zu 60 Kilometer in der Stunde rasen die „Züge" leuchtend zwischen den Zuschauerinnen und Zuschauern durch. Sie bremsen, beschleunigen, springen und drehen sich um die eigene Achse – nicht auf Schienen, sondern auf Rollschuhen. Die Lokomotiven und Waggons sind die Hauptrollen im Bochumer Musical „Starlight Express". Seit 1988 kamen schon über 17 Millionen Besucher, die sich über 12.000 Shows angeschaut haben. Damit hält die Attraktion seit 2013 den Guinness-Weltrekord als „erfolgreichstes Musical der Welt". Die Geschichte handelt vom Eisenbahn-Traum eines kleinen Jungen. Die aufwendigen und bunt leuchtenden Kostüme sowie moderne Videoprojektionen untermalen Gesang und Melodien. *starlight-express.de*

4 **ZOOM Erlebniswelt Gelsenkirchen:** Hier können auf einer Expedition von Alaska, über Afrika bis nach Asien über 900 Tiere aus 100 verschiedenen Arten bewundert werden. In „Alaska" lassen sich etwa Eisbären, Braunbären oder Elche in ihren großen und naturnahen Lebensräumen beobachten. Wie im gesamten Zoo gibt es oft nur unsichtbare Barrieren. Das Boot „African Queen" fährt quer durch die Tierwelt Afrikas, unmittelbar vorbei an Pavianen und Flusspferden. Die Lemureninsel ist nichts für Menschen mit Berührungsängsten, erst recht nicht mit den „Nachtgeistern" Madagaskars. Den südostasiatischen Dschungel erleben Besucherinnen und Besucher mit allen Sinnen im 4500 Quadratmeter großen Tropenparadies. *zoom-erlebniswelt.de*

5 **Movie Park:** Wildes Kreisdrehen und in Wellenbewegung hoch und runterschaukeln – das lockt im Movie Park Germany täglich hunderte Besucher an. Der „Crazy Surfer" ist eins der 16 Fahrgeschäfte, denen der Freizeitpark das Attribut „actionreich" aufgestempelt hat. Der Park am Rande von Bottrop ist seit 1996 eine große Attraktion im Ruhrgebiet. Er zieht sowohl Familien als auch Schulklassen aus der ganzen Region an – jährlich über eine Millionen Menschen. In dem Park gibt es auch ruhigere Fahrgeschäfte, wie ein Kettenkarussell. Ganz anders, nämlich viel beschaulicher, läuft alles wenige Kilometer weiter im „Schloss Beck" ab. Der Freizeitpark ist eher für jüngere Besucher gedacht. Eine Familienachterbahn in Marienkäfer-Form ist das „wildeste", was es dort gibt. *movieparkgermany.de, schloss-beck.de*

6 **Gasometer Oberhausen:** Der Gasometer in Oberhausen, direkt am Rhein-Herne-Kanal, ist mit 117,50 Meter Höhe der größte Gasbehälter Europas. Zwar ist er seit mittlerweile über 30 Jahren außer Betrieb, zieht dafür aber jährlich viele Besucherinnen und Besucher an. Die Kunstinstallationen im Inneren wechseln regelmäßig. Bis zur Decke des Gasometers gibt es einen weiten Raum – der ideale Ort für imposante Kunstobjekte. Diese Bühne nutzten bereits bekannte Künstlerinnen und Künstler: Christo und Jeanne-Claude bauten 1999 eine 26 Meter hohe und 68 Meter breite Wand aus bunten Ölfässern („The Wall"). Dafür stapelten sie in der Tonne rund 13.000 kleine Metalltonnen. Der Gasometer schaffte früher als Zwischenspeicher den Kokereien Abhilfe bei Gasengpässen. Heute deckt er den Bedarf nach besonderer Kunst und Kultur in der Region. *gasometer.de*

7 **Villa Hügel:** Im zwischen 1870 bis 1873 im großbürgerlichen Stil erbauten Prachtbau Villa Hügel gibt es beeindruckende 269 Räumlichkeiten. Hier lebte einst die Familie Krupp, bekannt durch ihr riesiges gleichnamiges Industrieunternehmen. Die Idee und Entwürfe gehen auf den damaligen Familienpatriarch, Alfred Krupp, zurück. Er und andere Familienmitglieder empfingen in Villa und dem dazugehörigen malerischen Park prominente Gäste aus Politik, Regierung, Wirtschaft und Wis-

senschaft. Die Grünanlage beeindruckt noch heute mit bunten Rhododendren, dem Blick auf den unterhalb liegenden Baldeneysee und vielen Kunstobjekten. Die Villa Hügel wird vor allem von der Alfried Krupp von Bohlen- und Halbach-Stiftung gepflegt. Diese setzt das Erbe der Familie Krupp fort. Es gibt eine Dauer- sowie wechselnde Kunstausstellung. *villahuegel.de*

8

Tetraeder: Über drei Plattformen Richtung Himmel – getragen von Stahl. Von der über 50 Meter hohen Pyramide lässt sich so manches Bekanntes oder noch Unbekanntes im Ruhrgebiet erspähen. 1994 von Wolfgang Christ entworfen, ist sie seit ihrem Bau zum Wahrzeichen Bottrops und des westlichen Ruhrgebiets geworden. Offiziell heißt das Kunstwerk „Haldenereignis Emscherblick". Besucherinnen und Besucher können das Kunstobjekt kostenlos besteigen. Allerdings sollten sie schwindelfrei sein: Die Treppen schwingen leicht im Wind und unter der Bewegung der Fußgänger. Einen ganz besonderen Anblick bietet das Haldenkunstwerk bei Nacht. Dann sind die Außenträger beleuchtet. Das helle Licht strahlt in die Ferne und vermittelt insbesondere bei leichtem Dunst einen mystischen Anblick. Ein Ausflug zum Tetraeder lässt sich gut mit einem Abstecher zum Alpincenter, eine Halde weiter, verbinden (siehe Tipp 23), *Beckstraße in 46238 Bottrop*

9

Deutsches Fußballmuseum: Das offizielle Deutsche Fußballmuseum steht mitten in der Dortmunder Innenstadt. Schon von außen ist erkennbar: Hier geht es um die „schönste Nebensache der Welt". Die Ausstellung beinhaltet zum Beispiel den Ball aus dem WM-Endspiel 1954 oder den rechten

Schuh von Mario Götze, mit dem er 2014 die Nationalmannschaft zum Weltmeistertitel schoss. Das Museum versucht Klein und Groß mit multimedialer Technik vom Fußball und seiner Geschichte in Deutschland zu begeistern. Dabei geht es sowohl um die Nationalmannschaft als auch um den Betrieb in der Bundesliga. Im Museum ist auch die „Hall of Fame des Deutschen Fußballs", in die bislang etwa Nia Künzer, Franz Beckenbauer und Silvia Neid aufgenommen wurden. Im Fußballmuseum gibt es auch das bundesweit einzige Kulturprogramm zum Thema Fußball. *fussballmuseum.de*

10 **Kinderparadies Ketteler Hof:** Pirat, Rennfahrerin oder Tierpfleger – im Ketteler Hof können Kinder das und noch mehr an einem einzigen Tag sein. Der Park ist ein riesiger Abenteuerspielplatz auf 75.000 Quadratmetern. Er wird jährlich um weitere Spiel- und Erlebnisplätze erweitert. In den über 40 Themenwelten gibt es unter anderem eine Wasserbahn, Riesensprungkissen und allerlei Klettermöglichkeiten. Spaß und Lernen durch Bewegung stehen im Vordergrund, genauso wie die Natur. Wer heimische Tiere hautnah entdecken möchte, ist im Streichelzoo gut aufgehoben. Für Verschnaufpausen gibt es Picknickbereiche mit Grills und Imbissbuden. Der Hof ist aber nicht nur was für den Sommer: Ein großes Indoor-Gelände bietet bei schlechtem Wetter genügend Möglichkeiten zum Austoben. *kettelerhof.de*

Kurioses und Besonderheiten

IM RUHRGEBIET

Viele Besucherinnen und Besucher ahnen vor der ersten Reise nicht, was sie entlang der Ruhr erwartet. Das hat viel mit den beschriebenen Klischees und dem skizzierten Wandel zu tun. Dabei ist für viele wohl auch nach dem ersten Besuch noch überraschend: Das Ruhrgebiet ist eine Region der Superlative.

✓ Als größtes Ballungsgebiet Deutschlands steht es noch vor Berlin, Hamburg oder München. Es gilt außerdem als eines der größten Ballungsgebiete Europas. Außerdem gibt es deutschland- und europaweit kaum mehr Hochschulen in einer Region wie entlang von Ruhr, Rhein, Emscher und Lippe – insgesamt 22.

Die Ruhr-Universität in Bochum

Die Ruhr-Universität in Bochum ging 1965 erste Schritte und ist heute mit über 42.500 Studierenden eine der größten Unis in Deutschland. Daneben gibt es in Dortmund, Duisburg, Essen, Hagen und Witten weitere sehr renommierte Universitäten.

Auch politisch hat das Ruhrgebiet eine besondere Struktur. Der Regionalverband Ruhr führt alle elf kreisfreien Städte und vier Kreise zusammen – insgesamt gibt es im Ruhrgebiet 53 Kommunen. Das dazugehörige Ruhrparlament wird seit 2020 sogar direkt von der Bevölkerung gewählt. Fast vier Millionen Menschen waren bei der Premiere wahlberechtigt. Der Regionalverband Ruhr ist ein besonderes Konstrukt mit eigenem Gesetz, dem RVR-Gesetz. Er ist außerdem größter kommunaler Waldbesitzer Deutschlands.

Das RVR-Gebäude an der Kronprinzenstraße in Essen

Dieser Wald steht auf einem von Löchern und Gräben durchzogenen Boden. Das Ruhrgebiet ähnelt einem Schweizer Käse. Die vielen Stollen wurden teils verfüllt, aber bei Weitem nicht alle. Auch in der jüngeren Bergbaugeschichte war es üblich, im „Streb"-Verfahren abzubauen. Dazu zählte, den Berg nach Abbau der Kohle einfach hinter sich einstürzen zu lassen. Das setzt sich dann bis zur Erdoberfläche fort. Die Folge: Das Ruhrgebiet sackt Stück für Stück ab, teils rund 20 Meter und mehr. Vereinzelt kommt es zu offenen „Tagesbrüchen", vor allem ältere, oberflächennahe Stollen geben dann einfach nach und es entstehen kleine Krater. Gleichzeitig sorgen gigantische Pumpen dafür, dass das Ruhrgebiet nicht absäuft und zu einer großen Seenplatte wird. Was womöglich früher oder später zu einem

Der Förderturm der ehemaligen Zeche Ewald

Tourismushighlight würde, wäre für die Region eine Katastrophe. Setzte man die Pumpen nicht ein, würde das Grubenwasser weite Teile fluten und beim Aufsteigen Grund- und Trinkwasser kontaminieren. Grubenwasser, das ist Regenwasser, das in den Stollen immer weiter ansteigt und irgendwann die Erdoberfläche erreichen würde. Diese Langzeitfolgen und ihre Kosten werden die Region noch lange beschäftigen, sie gelten als „Ewigkeitskosten". Das Geld – jährlich mehrere hundert Millionen Euro – zahlt die RAG-Stiftung.

✓ Trotz vieler Staus jeden Tag, insbesondere auf der geteerten Lebensader „A40" (die Autobahn verbindet innerstädtisch Dortmund mit Duisburg) haben es einige sehr bekannte Menschen auch mal aus dem Ruhrgebiet heraus geschafft. Eine ganze Reihe berühmter Persönlichkeiten ist entlang der Ruhr aufgewachsen, viele haben ihre Heimatverbindung behalten. Einer hingegen nicht: der wohl bekannteste Geheimagent der Welt. Wenn er sich mit „Bond. James Bond" vorstellt, würde man nicht unbedingt vermuten, dass er aus dem Herzen der Metropole Ruhr stammt. Genauer aus Wattenscheid, mittlerweile Bochum-Wattenscheid. Kein Flax. Laut der 1973 veröffentlichen Biografie wurde 007 in Wattenscheid geboren. Weshalb, weiß der Autor des fiktiven Buches Medienberichten zufolge auch nicht mehr. Wem dieser Glamour nicht genug ist – wie wäre es hiermit: Das schön klingende Oer-Erkenschwick, ein Stadtteil von Recklinghausen, ist eng mit Leonardo Di Caprio verbandelt. Der Hollywood-Star hat nämlich deutsche Wurzeln und seine Großeltern lebten bis zu ihrem Tod 2008 in einem Mietshaus in Oer-Erkenschwick. Gleich mehrfach hat der Oscar-Gewinner Di Caprio bis dahin das Städtchen besucht und dabei für Glücksgefühle bei seinen Fans gesorgt – und den Großeltern natürlich.

✓ Und für alle, für die das noch nicht ausreichend Superlative waren: Einheimische sind sich sicher, dass alles, was im Ruhrgebiet besonderen Stellenwert hat, auch von hier kommt – angefangen beim Fußball, über das Bier, die Currywurst, den Döner und natürlich die Kohle. Zur Wahrheit gehört aber auch: Trotz aller Zuneigung, die viele Menschen im Pott diesen Lebensinhalten entgegenbringen – außer der Kohle stammt wohl nichts von hier. Zumindest was das schwarze Gold angeht, hält sich aber hartnäckig die Sage: Ein Schweinehirte hat im Wittener Muttental Steine für ein Lagerfeuer zusammengesammelt. Als er am nächsten Morgen aufwachte, war das Feuer zwar längst erloschen – der Steinkreis glühte aber noch immer ...

In Bochum gibt es „die Echte“ Currywurst.

SCHWEDEN
DÄNEMARK
Ostsee
Nordsee
Kiel
SCHLESWIG-
HOLSTEIN
MECKLENBURG-
VORPOMMERN
HAMBURG
Schwerin
BREMEN
BRANDENBURG
POLEN
NIEDERSACHSEN
BERLIN
Hannover
Potsdam
Magdeburg
NORDRHEIN-
WESTFALEN
SACHSEN-
ANHALT
Düsseldorf
SACHSEN
Dresden
Erfurt
THÜRINGEN
HESSEN
RHEINLAND-
PFALZ
Wiesbaden
Mainz
TSCHECHIEN
SAARLAND
BAYERN
Stuttgart
FRANKREICH
BADEN-
WÜRTTEMBERG
München
ÖSTERREICH
SCHWEIZ

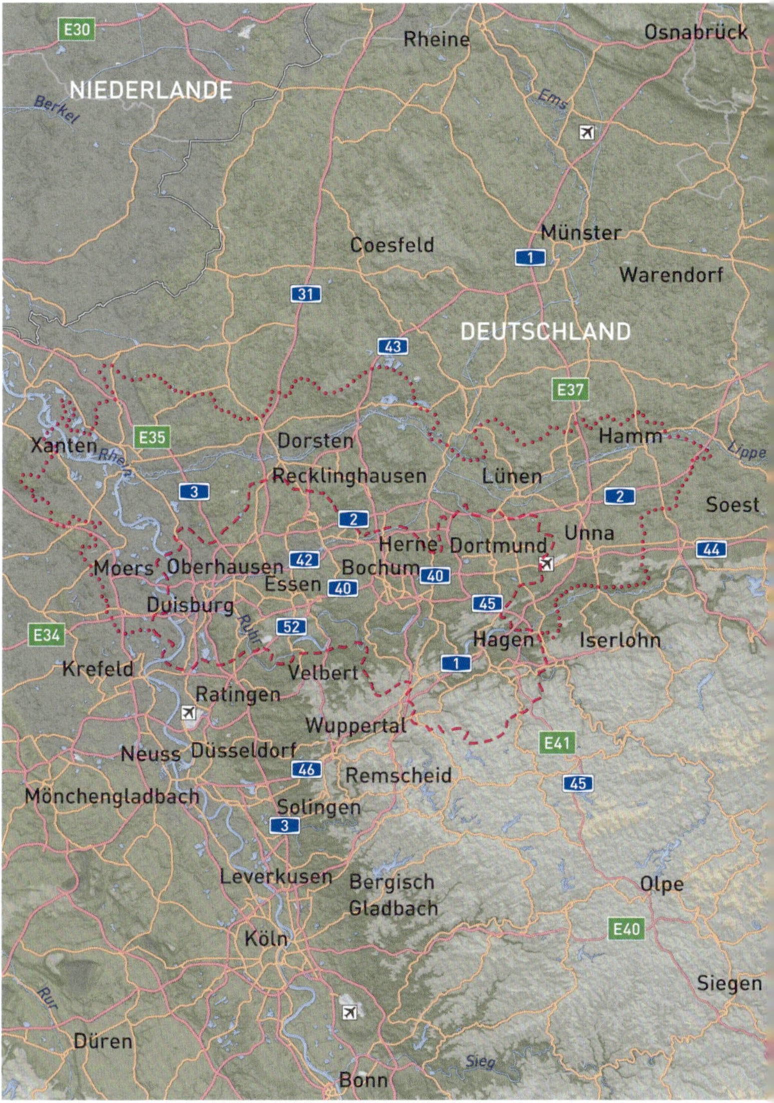
E30
Rheine
Osnabrück
NIEDERLANDE
Berkel
Ems
Coesfeld
Münster
1
Warendorf
31
DEUTSCHLAND
43
E37
E35
Dorsten
Hamm
Xanten
Rhein
Lippe
Recklinghausen
Lünen
3
2
Soest
2
Unna
Herne
Dortmund
44
42
Moers
Oberhausen
Bochum
Essen
40
40
Duisburg
45
Ruhr
E34
52
Hagen
Iserlohn
Krefeld
1
Velbert
Ratingen
Wuppertal
E41
Neuss
Düsseldorf
46
Remscheid
45
Mönchengladbach
Solingen
3
Leverkusen
Bergisch
Gladbach
Olpe
E40
Köln
Rur
Siegen
Düren
Sieg
Bonn

In der gesamten Region

Wir haben Euch in diesem Buch 50 Mikroabenteuer zusammengetragen, die das gesamte Ruhrgebiet und seine Vielfältigkeit abbilden. In den Ausflugszielen verstecken sich nochmals weit mehr Tipps und Ideen, was Ihr in der Region machen könnt. Falls Ihr aber lieber zusätzlich noch auf eigene Faust die Region erkunden wollt, hier einige Seiten, die umfassende Überblicke bieten:

- Wenn Ihr **Radfahren** wollt, gibt es im Internet umfassende Tourideen und ein eigenes Planungstool, was wirklich gut funktioniert. Das Ruhrgebiet ist von sogenannten Knotenpunkten durchzogen, an denen entlang Ihr die Touren abfahren könnt. Ideen, Planungstool und Routenvorschläge gibt es auf der Seite: *radrevier.ruhr*
- Die Metropole eignet sich auch hervorragend zum **Wandern**. Es gibt zahlreiche schöne Wege, aber bislang noch keine Plattform, auf denen diese alle zusammengetragen wurden. Die einzelnen Städte haben teils Wanderungen für ihr Gebiet zusammengetragen. Einige Tourenideen findet Ihr aber auch hier im Buch.
- Lust auf **Kunst und Kultur**? Dann schaut mal bei der Kulturinfo Ruhr vorbei. Dort werden alle Kulturveranstaltungen gebündelt aufbereitet und dargestellt. Das ist ein ganz besonderes Angebot, das die Informationen von über 10.000 Veranstaltungen für über 200 Locations beinhaltet. Ihr findet diese Infos unter: *kulturinfo.ruhr*
- Euch reizt besonders die **Industriekultur** im Ruhrgebiet? Dann schaut auf der Seite der Route Industriekultur vorbei. Dort sind Informationen sowohl über die einzelnen Standorte als auch über aktuelle Events zusammengetragen: *route-industriekultur.ruhr*

Die Essener Innenstadt bei Nacht

In der gesamten Region

1. Kräutertouren: von Salat, Schnaps und Liebeskräutern
2. Currywurst: Snack-Tour durch das Mittlere Ruhrgebiet
3. Auf Irrwegen durch das Maisfeld
4. Fußball: Dort, wo das Herz des Ruhrgebiets höherschlägt
5. Auf der Ruhr: mit dem Kanu von Hattingen nach Essen
6. ExtraSchicht: eine Nacht pulsierender Industriekultur
7. Lichterfeste: farbenfrohe Lichtspiele bei Nacht

1 Kräutertouren

VON SALAT, SCHNAPS UND LIEBESKRÄUTERN

Die Kräutertouren im Ruhrgebiet führen entlang von Wiesen und Wäldern. Dazu sind sie noch lehrreich und unterhaltsam zugleich.

„Das hier ist ein echtes Liebeskraut“, sagt Ursula Stratmann und rupft vorsichtig ein grünes Kraut samt Wurzel aus dem Boden. Hexenkraut. Daraus lasse sich eine Tinktur machen, die Frauen Selbstbewusstsein und Attraktivität verschaffe. Klingt abgedreht? Keine Sorge – die Kräutermischung soll kein Zaubergesöff zum Trinken sein, sondern ein Naturparfüm. Und das duftet tatsächlich gut. Die betörende Wirkung muss dann jede und jeder für sich selbst einschätzen.

Duftendes Erlebnis

Trotzdem fackeln die rund 20 Frauen unterschiedlichen Alters, die diese Tour begleiten, nicht lange. Kichernd pflücken manche das Kraut, packen es in ihre kleinen Tütchen, in denen sie die Kräuter der Tour aufbewahren. Und sie tupfen sich gleich einige Tropfen der gelben Flüssigkeit, die Ursula Stratmann mitgebracht hat, auf die Handgelenke. Es sind solche Anekdoten und Geheimtipps, die die Touren von Ursula Stratmann zu einem lohnenden Ausflug machen.

Die studierte Biologin ist seit zwölf Jahren hauptberuflich im ganzen Ruhrgebiet mit ihren Kräutertouren unterwegs. Ihre Führungen beinhalten gleichermaßen Pflanzen, die sich vorzüglich essen lassen, solche, die echte Vitaminbomben sind, oder welche mit heilender Wirkung. Vieles sei mit Studien belegbar.

Weiter geht es. Wir begleiten die Tour am Wasserschloss Haus Dellwig, im Dortmunder Westen. „Das hier ist eher ein Anfängerstandort. Es gibt so rund 20 verschiedene Pflanzenarten“, sagt Stratmann. Für die Begleiterinnen an diesem Samstagvormittag kein Problem – alle haben höchstens ein bisschen Erfahrung. Dementsprechend groß ist die Überraschung, als Ursula Stratmann eine Übersicht mit den essbaren Blüten zeigt. „Fuchsienblüten?", fragt jemand. Ja, die sind essbar – genauso wie Dahlien- und Rosenblüten. „Es lassen sich bis auf wenige Ausnahmen fast alle Blüten essen", ergänzt Stratmann. Wichtig: Blüten, nicht Blätter. Viele sehen aber eher schön aus, als dass sie eine Gaumenfreude sind – das merken wir beim Probeessen. Es gibt für jeden ein kleines Schnittchen. Mit Kräuterbutter, was auch sonst, und Blütengarnitur.

Farbenprächtige Brotzeit

Anfang Juni blüht der Holunder. Alle, die wollen, bekommen ein Plastiktütchen zum Pflücken. „Daraus könnt Ihr leckeren Sirup oder Likör machen", sagt Ursula Stratmann. Die einen pflücken, die anderen kritzeln konzentriert Infos in die kleinen Heftchen, die sie zu Beginn bekommen haben. Darin sind neben Bestimmungsskizzen auch Tabellen mit wichtigen Kennzahlen. Zum Beispiel haben Brennnesseln und Gänsefingerkraut viel mehr

Vitamin C als die üblichen Gemüsesorten. Manche der abgebildeten Kräuter und Wildpflanzen bekommen wir auf dieser Tour nicht zu sehen, die kann man dann auf einer der anderen Touren treffen.

„An der Ruhr oder auf Halden sehen wir 60 bis 70 verschiedene Arten", schwärmt Ursula Stratmann. Je nach Jahreszeit und Ort bekommt man auf ihren Runden daher auch andere Pflanzen und Infos vorgestellt. Was wohl die wenigsten ahnen: Im Ruhrgebiet gibt es eine außerordentlich große Vielfalt. Viel größer als etwa in landwirtschaftlich geprägten Flächen, wie dem Münsterland. Dort sorgten Pestizide dafür, dass am Feldrand kaum etwas wächst, erklärt unsere Führerin. Im Ruhrgebiet gibt es bedeutend weniger Landwirtschaft, dafür viele Brachflächen – wie alte Industrieorte. Daher würden in der Metropole Ruhr hunderte Kräuterarten wachsen. Es gibt also viel zu entdecken.

Info

Lage: Die Touren finden in der gesamten Region statt.

Website: *kraeutertour-de-ruhr.de*

HINWEISE:

- Die Touren von Ursula Stratmann dauern gute zwei Stunden. Im Preis sind neben kleinen Infoheften auch Kräuterproben zum Wegverzehr inbegriffen. Die Touren richten sich an Jugendliche und Erwachsene. Es wird in der Regel nur eine relativ kurze Runde gelaufen. Für manche Termine ist eine Anmeldung nötig. Insgesamt bietet Ursula Stratmann rund 70 Touren an 40 Standorten an. Sie finden von Frühjahr bis Herbst statt.
- Es gibt weitere Anbieterinnen und Anbieter von Kräutertouren im Ruhrgebiet, die wir aber nicht begleitet haben. Etwa *die-waldfrauen.de* oder *wildkraeuter-alessia.de*. Auch viele Volkshochschulen haben Kräutertouren in ihren Seminarangeboten.

2 Currywurst

SNACK-TOUR DURCH DAS MITTLERE RUHRGEBIET

„Gehste inne Stadt, was macht Dich da satt?“, singt Herbert Grönemeyer in einem seiner Hits. Er trifft die Lebenseinstellung und Atmosphäre der Metropole Ruhr auf den Punkt. „Ne Currywurst“, gibt Grönemeyer die Antwort selbst. Und es stimmt: Zum Mittagessen in der Innenstadt, zum Abendessen an der Pommesbude – eine Currywurst mit Pommes Schranke geht immer. „Pommes Schranke“? Das sind Pommes mit Ketchup und Mayo dazu.

Gegen den kleinen Hunger zwischendurch gibt es im Ruhrgebiet eigentlich nur zwei Lösungen. Entweder einen Döner essen oder – und das gehört in dieser Region einfach dazu – eine Currywurst.

„Bisse richtich down, brauchste was zu kaun“, singschreit Grönemeyer im Lied weiter. Die Antwort wieder: „Ne Currywurst“. In einer Region, wo es über dieses Imbissgericht sogar ein Lied gibt, wundert es nicht, dass die Menschen die Currywurst als „ihr Gericht“ definieren. Das stimmt wohl – bei kulinarhistorischer Betrachtung – nicht so ganz. Eine Currywurst gab es kurz nach dem Krieg zuerst in Berlin. Oder in Hamburg? Oder doch in Berlin? So ganz klar ist das nicht. Im Ruhrgebiet wurde sie allerdings ziemlich sicher nicht erfunden. „Aber wat willste machen? Machste nix“, sagt da ein Mensch aus dem Ruhrgebiet – und isst halt eine Currywurst. Die schmeckt trotzdem.

Sie ist nämlich – und da ist man sich zwischen Duisburg und Unna sowie Hamm und Essen einig – im Ruhrgebiet am besten. Eine feine Bratwurst, nicht wie in Bayern als Bockwurst. Kleingeschnitten, nicht am Stück wie sie in Berlin serviert wird. Und, ganz wichtig: mit echter Currysauce, nicht mit so einem komischen Ketchup-Verschnitt und etwas Currypulver drüber gestreut, wie an vielen anderen Orten üblich ...

Allerdings endet an dieser Stelle die Einigkeit der Menschen von der Ruhr schon wieder. Unser Glück, weil es das zum Heimatmomente-Mikroabenteuer macht. Die entscheidende Frage ist nämlich: Wo gibt es die beste Currywurst im Ruhrgebiet? Das ist zweifelsfrei sehr subjektiv und hängt auch von den Erlebnissen an der eigenen Stammbude ab. Beim Imbiss „umme Ecke" treffen sich zwischen Currywurst, Frikadelle und Schnitzel alle: Werksarbeiter in der Mittagspause, Jugendliche auf dem Schulweg, Fußballfans nach dem Stadionbesuch und Familienmütter

Bei „Die Currywurst" in Wanne-Eickel gibt's die schärfste Soße.

und -väter, die für das Abendessen sorgen. Ein Querschnitt der Gesellschaft. Obwohl so richtig sich dort niemand was zu erzählen hat, spricht man doch miteinander. Sei es über das Wetter, das Bier dazu oder über Fußball.

Bei „Die Currywurst“ in Wanne-Eickel gibt es zum Beispiel die nach eigener Angabe – und das heißt schon wieder: Man weiß nicht so richtig, ob es wirklich stimmt – schärfste Soße der Welt. Die Inhaberin und der Inhaber bieten elf verschiedene Soßen an. „Ich weiß, wie weh es tut“, sagt Gerd Herzog. Eine 10 oder 10+ bekämen nur Gäste, die vor seinen Augen schon mal eine Soße mit Schärfegrad 8 gegessen hätten. Mit der Schärfe noch nicht genug – das Paar bietet auch saisonale Kulinarik-Highlights an. In der Winterzeit etwa eine Currysoße mit besonderem Weihnachtsgeschmack.

Und Ihr, die Leserinnen und Leser dieses Buches, solltet auch mal Probe essen. Das kann in Wanne-Eickel sein, wenn es zwirbeln soll. Das geht aber auch sonst irgendwo im Ruhrgebiet. Wir haben uns dafür umgehört und einige scharfe Tipps von echten Ruhrgebiets-Menschen zusammengetragen. Lasst es Euch schmecken.

Gerd Herzog, „Die Currywurst“

Deshalb: Wählt zwei oder drei Buden aus und fahrt sie ab. Bestellt jeweils nur eine Currywurst – ohne Beilage. Die stopft viel zu sehr. Und macht den Test: Wo gibt es die beste Currywurst im Revier? Und wo ist die Atmosphäre am besten? Übrigens: Anne Bude wird geduzt. „Siezen is‘ wat für welche vonne Uni.“

Info

Hier einige Tipps. Die Liste ist sicherlich nicht vollständig, was gute Currywurst-Buden in der Region angeht. Teils haben wir noch nette Ausflugsziele in der Umgebung dazugeschrieben – für das kleine Verdauungserlebnis zwischendurch.

Essen:

- Zum Xaver: Gemarkenstraße 44, 45147 Essen, *zumxaver.de*; Ausflugsziel: zehn Minuten Fußweg zur beliebten Rüttenscheider Straße mit Bars und Kneipen. Im Frühjahr mit rosa Kirschblüte

Dortmund:

- Wurst Willi: Petrikirchhof, 44137 Dortmund, *wurstwilli.com*; Ausflugsziel: Bummel durch die Dortmunder Innenstadt
- Gourmet Stäbchen: Mittelstraße 1, 44139 Dortmund; Ausflugsziel: Westfalenstadion und Westfalenpark

Witten:

- Eddie's Durst und Wurst Express: Öffnungszeiten können variieren. Es gilt: Offen ist, wenn die Rollladen oben sind; Stockumer Straße 35, 58453 Witten; Ausflugsziel: Discgolf-Anlage im Pferdebachtal, *discgolf-witten.de*

Oberhausen:

- Bärengrill: Knappenstraße 62, 46047 Oberhausen, *baerengrill.de*; Ausflugsziel: Bunkermuseum Oberhausen
- Dimitra Grill: Wehrstraße 6, 46047 Oberhausen

Bottrop:

- Imbiss am Tetraeder: Beckstraße 57, 46238 Bottrop; Ausflugsziel: Tetraeder

Bochum:

- Bratwursthaus: Kortumstraße 18, 44793 Bochum, liegt direkt im Bermuda3Eck, (siehe Tipp 30)
- Dönninghaus-Wurst und Currysoße (selbsternannt „die Echte"; wird in und um Bochum von vielen Imbissen serviert)

3 Auf Irrwegen durch das Maisfeld

Gleich mehrere Bauern fräsen jeden Sommer Gänge in ihre Felder. Es entstehen große Maislabyrinthe. Manche Höfe bieten darüber hinaus noch weiteren Spaß für die Kleinen – etwa der Bergerhof in Hattingen oder Hof Terhardt in Haltern am See.

Grüne Blätter rechts, grüne Blätter links und irgendwie auch grüne Blätter schräg oben sowie unten. Nur über einem sieht es anders aus: Da strahlen Sonne und blauer Himmel um die Wette. Das Wetter lädt zum Spielen ein – aber dafür müsste man erstmal den Weg aus diesem verflixten Maislabyrinth finden ...

Das Maisfeld, das sich auf dem Hattinger Bergerhof jeden Sommer zum Irrgarten verwandelt, ist etwa so groß wie fünf Fußballfelder. Es ist im Sommer sicherlich die Hauptattraktion auf dem Hof in der Elfringhauser Schweiz, wie das Gebiet im Süden der Stadt Hattingen heißt. Doch das Feld ist bei Weitem nicht der einzige Grund, weshalb ein Tagesausflug auf den Bauernhof und seine Erlebniswelt lohnt. Im Streichelzoo warten Ponys, Gänse und Ziegen auf die Kinder. Na ja, vielleicht warten sie auf die vielen streichelnden Hände gar nicht so sehr. Sie laufen jedenfalls nicht weg und lassen das vorsichtige Herantasten, Gekichere und Gestreichel geduldig über sich ergehen. Und mit dem nötigen Futterangebot kommen die Tiere dann sogar von allein zum Zaun. Auf den Holzbänken nebenan sitzen derweil Wanderer und andere Ausflüglerinnen und genießen die Sonne und Landluft – mit der dazugehörenden Verpflegung. Das Team vom Bergerhof backt täglich Leckereien. Zum Beispiel Erdbeersahne-, Apfelschmand- oder Eierlikörtorte. In der Freilandgastronomie kann aber auch allerlei Deftiges bestellt werden.

Mit der nötigen Stärkung können die Kinder dann wieder losrennen. Entweder zu den alten Traktoren, die zum Spielen bereitstehen, oder einfach in die Natur, wo Bäume und Büsche warten. Die sind auch bei den Wandersleuten beliebt.

Alte Traktoren als Spielgeräte

Durch die Elfringhauser Schweiz führen rund 40 Kilometer Wanderwege.

Die Maislabyrinthe sind sehr beliebt, insbesondere bei jungen Familien. Auch das von Bauer Martin Terhardt in Haltern am See. Er schneidet auf seinem Hof nicht nur jedes Jahr genau geplante Gänge in sein Maisfeld, er baut zusätzlich noch ein Spielparadies für die jungen Gäste auf.

Tierische Bewohner des Bergerhofs

Aus dem Labyrinth herauszufinden ist eine Aufgabe. Doch in den Gängen sind zusätzlich sechs Stempel versteckt. Wer alle findet, kann am Ende bei einer Verlosung mitmachen und gewinnen. Das Labyrinth ist auch nicht einfach nur ein Feld, es gibt zum Beispiel eine Rutsche auf einem kleinen Hügel. Aber nicht zu früh freuen: Von dort ist die Aussicht auch nicht wirklich zielführend – zumindest, was den Weg zum nächsten Stempel oder zum Ziel angeht. Und als wenn das noch nicht genug wäre: Wer es nicht rechtzeitig herausschafft, kann an manchen Tagen im Labyrinth noch Gespenster antreffen. Dann spukt es nämlich, sobald es dunkel wird. Von etwa 18 bis 22 Uhr ist dann eine Taschenlampe Pflicht.

Die Kinder, die zumindest tagsüber aus dem Labyrinth herausstürmen, zieht es danach fix zum Riesen-Spielplatz nebenan. Für die Eltern ist das der Moment zum Durchschnaufen. Die Kinder können derweil die Hüpfburg oder das große Trampolin testen. Es gibt auch ein Wasserbecken zum Plantschen. Für ältere Kinder gibt es eine Fläche zum Gokart-Fahren. Labyrinth und Spielplatz machen den Hof im nördlichen Ruhrgebiet schon fast zu einem kleinen Freizeitpark.

Der Bergerhof in Hattingen von oben

Info

Lage: Haltern am See gehört zum Kreis Recklinghausen im Norden des mittleren Ruhrgebiets, Hattingen zum Ennepe-Ruhr-Kreis im Süden des mittleren Ruhrgebiets.

- Hof Terhardt: Heidkantweg 90, 45721 Haltern am See, *maislabyrinth-terhardt.de*
- Bergerhof: Berger Weg 8, 45527 Hattingen, *bergerhof.de*

HINWEISE:

- Die Wanderwege um den Bergerhof herum, in der Elfringhauser Schweiz, lohnen. Eine Auswahl an Routenvorschlägen bietet das Hattinger Stadt-Marketing (*hattingen-marketing.de/tourismus/wandern-in-hattingen/wandervorschlaege/*). Der Wanderweg A3 führt direkt am Bergerhof vorbei, der A4 führt in der Nähe entlang, sodass eine Rast mit einem kleinen Abstecher verbunden ist.
- Es gibt im Ruhrgebiet noch viele weitere Maislabyrinthe, die in der Regel jährlich im Sommer in das hohe Grün gemäht werden, zum Beispiel Hof Mertin in Dortmund mit Selbstpflückfeldern und Hofladen: *hof-mertin.de*

4 Fußball

DORT, WO DAS HERZ DES RUHRGEBIETS HÖHERSCHLÄGT

Echte „Pottler“ müssen einmal im Leben im Stadion gewesen sein. Das ist auch für Fußball-Fans aus der Ferne eine Empfehlung. Die Stadion-Auswahl ist nämlich groß.

Tausende Menschen stehen auf, recken ihre blau-weißen Schals in die Höhe und singen mit. „Du bist das Himmelbett für Tauben." Die Melodie halt durch den großen, weiten Raum – quer über den grünen Rasen. „Und ständig auf Koks", singen die Fans des VfL Bochum. Es ist einer der wenigen Momente an diesem Nachmittag, wo kaum einer an seinem Bier nippt. „Hast im Schrebergarten deine Laube", schallt Herbert Grönemeyers Stimme aus den Lautsprechern. Der meist eher schräge Gesang schwillt zu einem Brüllen an. „Machst mit 'nem Doppelpass jeden Gegner nass." Und dann: „Du und Dein VfL", grölt es aus den Kehlen an der Castroper-Straße. Der Rest der Hymne geht in dem rhythmischen „VfL, VfL, VfL" der Fans unter.

Jetzt ist angestimmt – für ein Heimspiel des VfL Bochum. Die Fans zelebrieren dieses Ritual vor jedem Anpfiff. Es ist die die Hymne eines Vereins, einer ganzen Stadt. Dieses Lied dürften alle Menschen im Ruhrgebiet kennen – wenn auch in Dortmund oder Gelsenkirchen vielleicht eher mit einer Faust in der Tasche. Die Emotionen, die die Fans mit dem Song verbinden, können Besucherinnen und Besucher auch beim einmaligen Stadionbesuch in Bochum spüren. Vor allem seit dem Aufstieg in die erste Liga ist die Stimmung richtig gut.

Für Ruhrgebiet-Gäste können Spiel, Stadion und Heimmannschaft fast zweitrangig sein, die Stimmung aber nicht. Jedes Wochenende pilgern zehntausende Menschen in die Stadien der Region. Dortmund, Gelsenkirchen, Bochum, Duisburg oder Essen. Die Liste der Top-Mannschaften aus der Metropole Ruhr in der ersten und zweiten Liga ist lang. In jedem Verein haben Fankultur und Stadionbesuch ihre Besonderheiten.

Auf Schalke läuft vor jedem Spiel das Steigerlied. Eine weitere Hymne dieser Region. Sie geht auf die Bergbauzeit zurück. Die Ränge der großen Arena, die den Verein einige Male schon kurz vor den finanziellen Ruin getrieben hat, strahlen blau-weiß, wenn Schalke 04 auf dem Platz steht. Bier wird dort mit einer

„Knappen-Karte" bezahlt. Das Ruhrgebiet und seine Geschichte ist „auf Schalke" Programm.

Und auch auf der Dortmunder „Süd" ist eine ganz besondere Stimmung garantiert. Ins Westfalenstadion passen bei Bundesligaspielen über 80.000 Menschen, davon 28.000 auf Stehplätzen. Kein Stadion in Deutschland fasst so viele Zuschauerinnen und Zuschauer. Die Dortmunder Ultras auf den Stehplätzen der Südtribüne sorgen mit Fangesänge, Plakaten und manchmal auch mit der unerwünschten Pyrotechnik für Borussen-Atmosphäre. Um die zu fühlen, müssen die Besucher nicht mitten rein – es reicht auch ein (Sitz-)Platz etwas ab vom Epizentrum der Fußballleidenschaft.

Wenn die Lieblingsmannschaft auf einen der größten Rivalen trifft, brodelt es im Stadion. Es wird zum Hexenkessel – ganz besonders deutlich ist das bei Borussia Dortmund und dem Schalke 04, dem sogenannten Revier-Derby. Echte Fans sind schon Tage davor voll fokussiert, es gibt quasi kein anderes Thema. Beste Freundschaften und Beziehungen stehen in diesen Tagen teils unter Spannung. Alles nur, weil sie zwei unterschiedlichen Vereinen anhängen. Am Ende ist dann aber doch der Ball der Lebensmittelpunkt und echter Streit nur „Fehl am Platze".

Zu einem echten Stadionbesuch gehört vorab der Besuch in einer typischen Ruhrgebietskneipe. Wenn dann noch das Stimmungsbad in der Menge, ein Sieg der Heimmannschaft und nach dem Spiel ein weiteres Bier in einer (anderen) Eckkneipe dazukommen, ist ein besonderer Samstag garantiert. Und nicht vergessen: eine Stadion-Currywurst, kurz vor der Halbzeitpause. Und zwar so, dass die letzten Minuten Spiel verpasst werden. Das machen viele im Stadion so – und natürlich: Wenn man sie fragt, wären sie bestimmt noch immer genauso große Fans, wie alle anderen. Aber halt nur so lange, wie es nicht um die (Curry-)Wurst geht ...

Die Veltins-Arena „auf Schalke" in Gelsenkirchen

Info

Lage: Bochum liegt im Süden des Mittleren Ruhrgebiets, Gelsenkirchen im Norden und Dortmund im Norden des östlichen Ruhrgebiets.

Vereine:

- VfL Bochum: Castroper Straße 145, 44791 Bochum, *vfl-bochum.de*
- Borussia Dortmund 09: Strobelallee 50, 44139 Dortmund, *bvb.de*
- FC Schalke 04: Rudi-Assauer-Platz 1, 45891 Gelsenkirchen, *schalke04.de*
- MSV Duisburg: Margaretenstraße 5-7, 47055 Duisburg, *msv-duisburg.de*
- Rot-Weiß Essen: Hafenstraße 97a, 45356 Essen, *rot-weiss-essen.de*

HINWEISE:

- Für unerfahrene Stadiongängerinnen und -gänger empfiehlt sich ein Sitzplatz mit guter Sicht auf das Feld und auf die Stehplätze der jeweiligen Heimmannschaft.
- Schon vorab sollte man sich über sinnvolle Wege zum Parken und Anreisen informieren, da vor dem Anstoß rund um die Stadien viele Straßen gesperrt sind.

5 Auf der Ruhr

MIT DEM KANU VON HATTINGEN NACH ESSEN

Egal, ob allein, zu zweit oder in der Gruppe – die Ruhr selbst ist ein schönes Ausflugsziel. Im Kajak oder Kanadier lässt sich die Ruhe genießen und den Fluss entdecken. Am Ende wartet ein kühles Radler im Biergarten.

Sanft taucht das Paddel ins Wasser ein. Es schlägt kleine Wellen. Mit leichter Kraft zieht es nach hinten. Und dort wieder aus dem Wasser raus. Auf der linken Seite schwimmen zwei Schwäne vorbei. Dahinter macht eine Familie gerade Pause auf dem RuhrtalRadweg, die Kinder winken herüber.

Klingt idyllisch? Ist es auch. Und so könnte es ohne Weiteres bei einer Paddeltour über die Ruhr zugehen. Vom Wasser aus lässt sich der Fluss nochmal ganz anders entdecken. Ausflüglerinnen und Ausflügler werden schnell eins mit der Natur. Die Ruhr ist ein gutes, aber nicht anspruchsvolles Paddel-Revier. Es geht etwa im Kajak oder Kanadier vorwärts. Und wer den Ausflug mit der Strömung plant, muss noch nicht mal übermäßig viel Kraft aufwenden. Etwas abenteuerlich ist es aber auch. Etwa in Flussabschnitten mit kleineren Stromschnellen oder in einer der Bootsrutschen: Da geht es dann teils mit einiger Geschwindigkeit und je nach Wasserstand mit kleineren bis mittleren Wellen flott hinab, um eine Staustufe oder ein Wehr zu überwinden. Ob man das möchte, lässt sich noch kurz vor der Rutsche selbst entscheiden. Es ist kein Problem auch noch auszusteigen und zu treibeln, also das Boot aus dem Wasser zu nehmen und einige Meter zu tragen. Für ungeübte Kanufahrer ist das in jedem Fall sicherer.

Paddeln durch die Natur, mitten im Ruhrgebiet

Mit dem Kajak auf der Ruhr

Bei der Streckenwahl ist der Abschnitt zwischen Hattingen und Bochum-Dahlhausen oder, wer weiterfahren will, bis Essen-Steele beliebt. Hier ist die Ruhr schon breit genug, damit man unterwegs keine Bekanntschaft mit dem Grund macht. Gleichzeitig sind die Paddler aber auch in der Nähe des Ufers und können zum Beispiel Wasservögel beobachten. Für besagte Abwechslung sorgen in diesem Abschnitt dann einige Bootsrutschen. Außerdem gibt es nette Biergärten zur Einkehr – entweder zwischendurch, am Ende oder noch besser: gleich zwei Mal. Denn die Zeit zur Rast sollte auf jeden Fall ausreichend kalkuliert sein. Sie ist ein Höhepunkt des Ausflugs. Das geht auch mit selbst mitgebrachtem Proviant, den man dann auf einem der Stege oder am Ufer verspeisen kann. Brote, Gemüse oder Getränke können in wasserdichten Tonnen an Bord verstaut werden – Alkohol ist unterwegs allerdings bei den meisten Anbietern verboten. Doch Vorsicht: Nicht alle Anlegemöglichkeiten und Stege sind öffentlich zugänglich. Manche gehören Privatpersonen oder Sportvereinen. Am besten vorsichtig herantasten und schauen, ob ein Schild das Anlegen untersagt.

Bei gutem Wetter ist so eine Rast auch gleich eine gute Gelegenheit für einen vorsichtigen Sprung in die Ruhr. Wichtig dabei: Kein Wasser trinken. Die Ruhr ist zwar sauber, aber zu viel Wasser kann doch zu unschönen Bauchschmerzen führen. Wer lieber nicht schwimmen mag, kann aber mit Wasserkontakt beim Paddeln rechnen. Sowohl an den Armen beim Ein- und Austauchen des Paddels, aber auch in den Bootsrutschen. Wer dort im Boot heruntergleitet, kassiert schon mal eine Ladung Ruhrwasser.

Dieser Ausflugstipp ist übrigens nicht nur für Gruppen bis vier Personen, die dann gemeinsam in einen Kanadier steigen können, geeignet. Es können auch kleinere Boote oder mehrere Kajaks und Kanadier von großen Gruppe gemietet werden. Je nach Laune kann das Event sowohl kilometermäßig als auch zeitlich unterschiedlich gestaltet werden. Die Ruhr ist lang genug, um gleich für mehrere Tage auf ihr zu paddeln.

Info

Lage: Ein möglicher Startpunkt ist der Ruderverein in Hattingen im Ennepe-Ruhr-Kreis, gelegen im Süden des mittleren Ruhrgebiets. Ruhrdeich 4, 45525 Hattingen, *rudervereinhattingen.de*

HINWEISE:

- Die Routen lassen sich relativ frei wählen. Abhängig sind die Wassersportler nur vom vermietenden Unternehmen. Diese bieten in der Regel je nach Länge und Startwunsch verschiedene Ein- und Ausstiegsorte an. Die Rückfahrt findet in der Regel selbst organisiert per Bus und Bahn statt. Für die Planung der Route vorab mit dem Kanuvermieter der Wahl sprechen.
- Es gibt viele verschiedene Streckenabschnitte mit unterschiedlichen Höhepunkten, wie etwa Burgen am Ufer, Bootsrutschen unterwegs oder Seen zum Durchpaddeln.
- Das Paddelrevier Ruhr ist auch schon für Kinder, in der Regel ab sechs Jahren, geeignet.
- Einige Unternehmen, die wir allerdings nicht alle selbst getestet haben: Lenne-Ruhr-Kanu *(ruhrkanu.de)*, Ruhr Abenteuer *(ruhr-abenteuer.de)*, Kanu Tour Ruhr *(kanu-tour-ruhr.de)*

6 ExtraSchicht

EINE NACHT PULSIERENDER INDUSTRIEKULTUR

Einmal im Jahr pulsiert die Industriekultur einen Tag lang – und kommt an Temperaturen wie einst zu Betriebszeiten. Die „ExtraSchicht" bietet mit einem Ticket so viel herausragendes und ausgefallenes Kulturprogramm, dass Besucherinnen und Besucher die Qual der Wahl haben.

Feuershows unterhalb des Schornsteins von Zeche Nachtigall. Klavierkonzerte in der Bochumer Jahrhunderthalle. Ein Höhenfeuerwerk über dem UNESCO-Welterbe Zollverein. Die alten Industriestandorte sind jedes für sich Wahrzeichen des Ruhrgebiets. Wo einst Stahl gekocht oder Kohle abgebaut wurde, wan-

Kunst- und Kulturveranstaltungen locken die Gäste.

deln seit Jahren Kunst- und Freizeittouristen durch diese Schauplätze der Industriekultur. Bei der ExtraSchicht ergeben die vielen Attraktionen ein imposantes Netzwerk. An diesem Sommersamstag erwachen diese Orte und wachsen über das hinaus, was sie sonst schon an den restlichen Tagen im Jahr bieten. Die ExtraSchicht ist ein Ein-Tages-Festival der besonderen Art, das mittlerweile jährlich von über 200.000 Menschen besucht wird.

Insgesamt gibt es an einem solchen Samstag etwa 500 Events, die von 2000 Künstlerinnen und Künstlern an den verschiedenen Veranstaltungsorten inszeniert werden. Die Organisatoren verstehen es, diese postindustriellen Schauplätze durch vielfältige Attraktionen zum Bestaunen und Mitmachen in Szene zu setzen.

Zeche Zollverein in Essen

Lohnende Beispiele finden sich viele unter den rund 50 Spielorten. Beim Recherchebesuch zum Beispiel die Henrichshütte in Hattingen. In der ehemaligen Gebläsehalle wird zu lauter Musik Tango getanzt – nicht von irgendwem, sondern von den Besucherinnen und Besuchern selbst. Wenige Minuten weiter gibt es Führungen durch die Ausstellung der Feuerwehroldtimer der „Feuer. Wehrk". Rund 25 Kilometer Luftlinie weiter, im Gelsenkirchener Nordsternpark, warten eine Lichtshow sowie Führungen durch die 1997 für die Bundesgartenschau hergerichtete Anlage. Und in Oberhausen gibt es im Theater an der Niebuhrg Jazz und Führungen durch das Theater, das sich in das Fördermaschinenhaus der alten Zeche Concordia geschmiegt hat.

Diese und viele weitere Attraktionen sind am Tag der ExtraSchicht nicht nur über die üblichen Rad- und ÖPNV-Verbindungen erreichbar. Sie werden ergänzt durch zahlreiche Shuttle- und Sonderbusse. Dadurch können die Ausflüglerinnen und

Ausflügler verschiedene Orte miteinander verbinden. Allerdings ist das Angebot so groß, dass immer nur ein Ausschnitt möglich ist. Die Planung ist dabei die halbe Miete – spontan ist man schier überfordert. Jedoch ist das Festival mittlerweile so beliebt, dass gerade die großen, bekannten Attraktionen häufig sehr voll sind. Wartezeiten am Bus sind daher teils unvermeidbar. Dabei bieten auch die kleineren Spielorte am Tag der Industriekultur ausreichend Buntes und Spannendes. Und an jedem dieser Orte ist meist für Essen und Trinken gesorgt. Daher kann man sich auch hervorragend treiben lassen und einfach einen Bus später nehmen.

Lage: im ganzen Ruhrgebiet

Website: *extraschicht.de*

Info

HINWEISE:

- Das Festival findet in der Regel am letzten Samstag im Juni statt und zwar auch bei regnerischem Wetter. Es lohnt aber auf gutes Wetter zu hoffen. Das Programm ist jedes Jahr etwas anders.
- Die Shows und Programme laufen an den meisten Standorten von 18 bis 2 Uhr.
- Viele der Spielorte sind auch sonst einen Besuch wert. Etwa, weil dort interessante Museen sind oder Musik und Schauspiel stattfinden. Doch bei der „Extra-Schicht" werden die Besucherinnen und Besucher Teil eines Erlebnisses, das das Ruhrgebiet und seine Bewohner verbindet.
- An- und Abreise: Am besten mit Bus und Bahn zum ersten Spielort und von dort mit den Shuttlebussen weiter. Eine vorherige Planung ist unerlässlich – nicht alle Spielorte sind miteinander verbunden. Shuttlebusse und ÖPNV sind im Ticketpreis inbegriffen.

7 Lichterfeste

FARBENFROHE LICHTSPIELE BEI NACHT

Von Spätsommer bis Frühjahr setzen Künstlerinnen und Künstler über die ganze Metropole verteilt verschiedene Parks oder Industriedenkmäler in Szene. Wir stellen exemplarisch zwei vor.

Der Geruch von Glühwein liegt in der Luft. Ein warmes Rot strahlt von rechts zwischen zwei Büschen hindurch. Die Lichtfarbe ändert sich, sie wird blau, dann grün. Einige Meter weiter liegt ein kleiner Teich mit Steg im dämmrigen Licht einiger Laternen. Aus dem Wasser wachsen verschiedene Pflanzen – auch dort inszenieren Scheinwerfer die Umgebung. Es gibt etwas Warmes zu trinken, der Duft von frischen Crêpes zieht durch den Park.

Der Grugapark in bunten Farben

Das Licht vertreibt nicht die kühlen Abendtemperaturen Ende Januar – aber mit dicker Mütze und warmen Handschuhen lässt es sich gut im Park aushalten.

Das Parkleuchten im Essener Grugapark zieht jeden Winter tausende Besucher aus der Umgebung an. Die kalte Jahreszeit eignet sich gut für so ein Lichterfest. Es ist früh dunkel, die Temperaturen sind niedrig. Aber meist nicht zu niedrig, um durch den weitläufigen Park in der Nähe der Essener Innenstadt zu schlendern. Der Grugapark ist nicht irgendeine Parklandschaft, er wurde 1929 für die erste Große Ruhrländische Gartenbau-Ausstellung (GRuGA) angelegt und für die Bundesgartenschau 1965 erweitert.

Zum Parkleuchten gehören die Skulpturen und Kunstwerke, die die Besucherinnen und Besucher nach und nach entdecken können. Sie sehen anders aus als im Hellen – etwa, weil sie in Licht und Schatten anders wirken oder weil sie durch die Scheinwerfer Teil eines neuen Kunstwerkes werden, einem Lichtkunstwerk.

Industriedenkmal bunt statt rostbraun

Für eine ganz besondere Stimmung sorgen die Lichtfeste, die in den Industriedenkmälern stattfinden. Dort, wo bis vor einigen Jahrzehnten der kochende Stahl alles in ein grelles Orange-Rot getaucht hatte, leuchten nun bunte Farbspiele. Das gilt etwa für die Hallen und Außenanlagen der Henrichshütte in Hattingen. Die Mystik eines Hochofens, mit seinen teils verrosteten Trägern, Rinnen und Laufstiegen, wirken im Blau, Grün und Gelb der Lichtkunst fast märchenhaft. Teils bekommen sie aber auch eine ganz andere Rustikalität, als sie sonst bei Tageslicht haben. Diese abendlichen Farbspiele gibt es wohl nirgends so leicht zu finden wie in der Metropole Ruhr. Und ist es nicht wirklich unheimlich schön, bei Dunkelheit durch die beleuchteten Industriedenkmäler zu schlendern?

Es lohnt sich beim Wandeln und Bestaunen mal darüber nachzudenken: Bis vor einigen Jahren kamen dort die Arbeiter hin, malochten bei höllischem Lärm und heizten den Fabriken ordentlich ein – und umgekehrt. Mit dem Ende der Kohle- und Stahlindustrie verstummten viele dieser Industriekulissen, auch hier in Hattingen unweit der Ruhr. Nun überzieht das bunte Scheinwerferlicht die Reste dieser Zeit mit einem Hauch von Kunst. Und später, wenn die Besucherinnen und Besucher wieder heimgehen und das Licht ausgeht, kehrt Stille ein. Dort, wo früher rund um die Uhr ohrenbetäubender Lärm herrschte.

Info

Lage: Der Grugapark liegt in Essen, im Süden des mittleren Ruhrgebiets; Virchowstraße 167, 45147 Essen. Die Henrichshütte liegt in Hattingen, das zum Ennepe-Ruhr-Kreis und zum Süden des mittleren Ruhrgebiets gehört; Werksstraße 31-33, 45527 Hattingen.

Einkehren:

- Cocktail-Bar Daktari: vom Grugapark rund zehn Autominuten entfernt, nahe dem Hauptbahnhofs Essen, Juliusstraße 4, 45128 Essen

HINWEISE:

- Das Parkleuchten im Grugapark findet in der Regel im Spätwinter oder Frühjahr statt; *grugapark.de* (in der Suche „Parkleuchten" eingeben).
- Die Henrichshütte in Hattingen wird in der Regel ab November für einige Wochen beleuchtet. Dabei findet die Kunst innen wie außen statt; *henrichshuette-hattingen.lwl.org/de* oder *lumagica.de*
- Weitere zeitlich begrenzte Leuchtspektakel in der Region: Stadtlichter Unna *(unna-marketing.de)*; Herbstleuchten im Maximilianpark Hamm *(maximilianpark.de)*, Altstadt Recklinghausen *(re-leuchtet.re)*, Winterleuchten im Dortmunder Westfalenpark *(dortmund.de/de/freizeit_und_kultur/westfalenpark_dortmund/start_westfalenpark)*; außerdem ganzjährig: Landschaftspark Nord in Duisburg (*landschaftspark.de*; Such-Stichwort: Lichtinstallation)

Westliches Ruhrgebiet
Kreis Wesel | Duisburg | Mülheim | Oberhausen

Das Geleucht auf Halde Rheinpreussen in Moers

Westliches Ruhrgebiet

8. Aquarius Wassermuseum Mülheim: Wie weit fließt das Wasser?
9. Landschaftspark Nord Duisburg: Klettern zwischen Stahl und Beton
10. Duisburg Tiger and Turtle: Fototour zur Achterbahn-Skulptur
11. Rheinluft im Ruhrgebiet: Picknicken und Hafenrundfahrt in Duisburg
12. Oberhausen: mit dem Rad entlang der Ausflugsziele
13. Halde Rheinpreußen Moers: Abendtour im roten Licht
14. Glamping in Hamminkeln: eine besondere Nacht, direkt am Wasser
15. Altstadt Xanten: Wo der Bäcker sein eigenes Mehl mahlt
16. Xantener Südsee: ein Tag Spaß am, im und auf dem Wasser

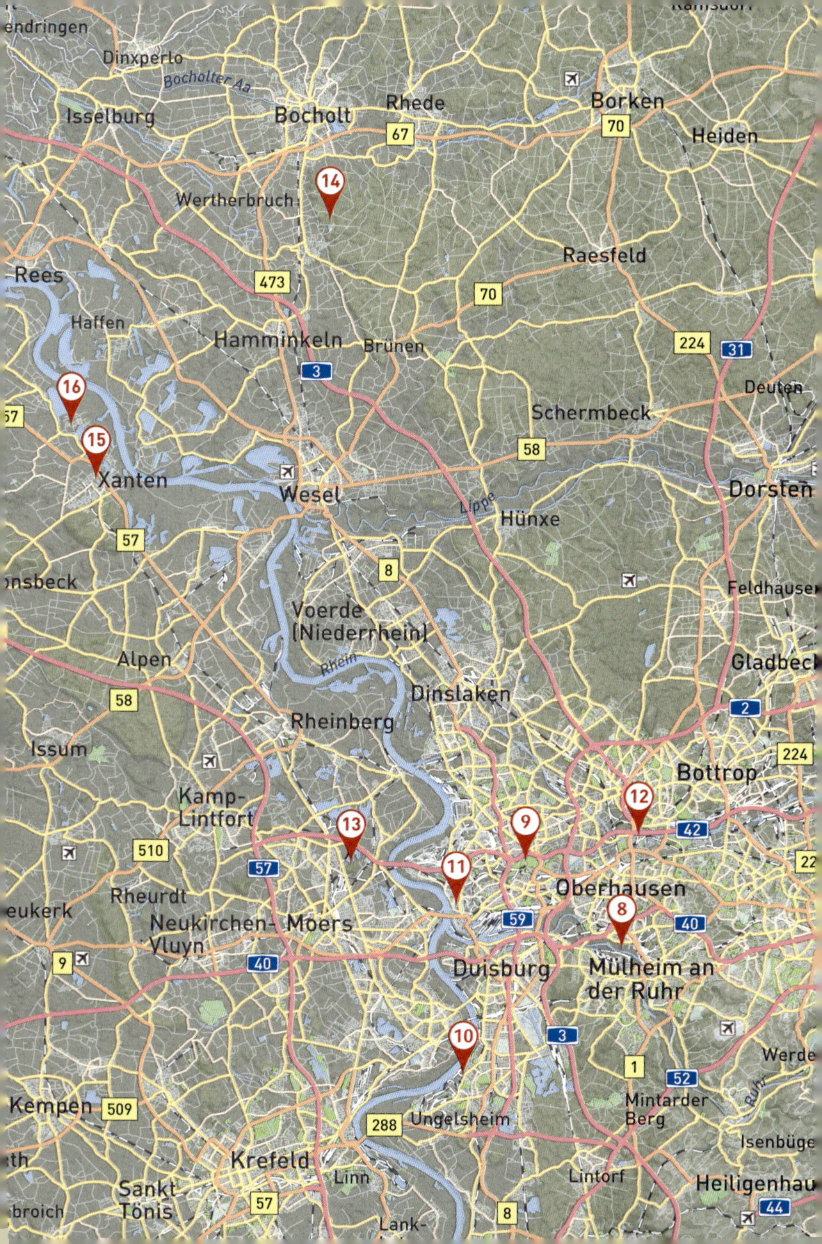

Dinxperlo
Bocholter Aa
Isselburg
Bocholt
Rhede
Borken
Heiden
Wertherbruch
Raesfeld
Rees
Haffen
Hamminkeln
Brünen
Deuten
Schermbeck
Xanten
Wesel
Lippe
Hünxe
Dorsten
Feldhausen
Voerde (Niederrhein)
Rhein
Alpen
Gladbeck
Dinslaken
Rheinberg
Issum
Bottrop
Kamp-Lintfort
Oberhausen
Rheurdt
Neukirchen-Vluyn
Moers
Duisburg
Mülheim an der Ruhr
Mintarder Berg
Ruhr
Kempen
Ungelsheim
Isenbügel
Krefeld
Linn
Lintorf
Heiligenhaus
Sankt Tönis
Lank-
14
16
15
13
9
12
11
8
10

8 Aquarius Wassermuseum Mülheim

WIE WEIT FLIESST DAS WASSER?

Das Aquarius Wassermuseum in Mülheim folgt dem Fluss des Wassers. Die Themenstationen stehen in dem alten Turm Styrum – in dem früher Wasser gespeichert wurde.

Auf dem Handy öffnet sich ein Dialogfeld, wie bei Signal, Threema oder WhatsApp. Doch anstatt mit guten Bekannten zu chatten, ist der Gesprächspartner ein Gülleanhänger oder ein Sack voller Düngemittel. Keine spannenden Gesprächspartner? Von wegen. Denn die Unterhaltung dreht sich in diesem „Wasserchat" um die Rolle des Flüssigen in unserer Gesellschaft. Und so entsteht mit dem digitalen Chatpartner ein abwechslungsreicher Austausch. „Im Hintergrund entwickelt die Software ein Psychogramm", erklärt Miriam Schmalhaus vom Aquarius. Die Besucherinnen und Besucher können sich dann mit anderen – anonym – vergleichen. Ist ihnen das Thema Wasserverschwendung zum Beispiel eher egal oder wollen sie warten, bis die Politik etwas unternimmt?

Wie viel Wasser wir in unserem Alltag verbrauchen, wird an einer anderen Station in dem Backstein-Turm deutlich. Direkt am Eingang steht ein großer Tisch voller Lebensmittel. Das soll zum Nachdenken anregen. „Alle Lebensmittel mit Tieren sind besonders wasserintensiv", so Miriam Schmalhaus. Die Produktion von einem Kilogramm Hackfleisch braucht rund 15.000 Liter Wasser, ein normaler Burger aus einem Fastfood-Restaurant 2500 Liter.

Solche und viele weitere Informationen hören und lesen die Besucherinnen und Besucher an den einzelnen Stationen. „Unser Museum funktioniert mit Chipkarten", sagt Miriam Schmalhaus. Das heißt: Man schaltet die Terminals mit einer Karte frei. Dadurch können Besucherinnen und Besucher sich autark durch die Räume bewegen – je nachdem, wo es gerade leerer oder voller ist. Besonders beliebt sind dabei die Stationen, an denen man zur Ingenieurin oder zum Städteplaner wird. In einer Art Computerspiel gilt es die Wasser- und Energieinfrastruktur aufzubauen.

Dazu zählt neben Frischwasser auch die Kanalisation samt Klärwerk. Wie das aussieht, wird im Museum in einem Kanalnachbau dargestellt. Das Wasser spielt im Aquarius also eine große Rolle. Auch die Geschichte des Wassers und seiner Bedeutung für die

Gesellschaft. Und obwohl es überall Thema ist, gibt es doch kein echtes Wasser im Wasserturm zu erspüren. Baden oder Plantschen müssen die Besucher also zu Hause. Nur etwas zu trinken gibt es im Aquarius – frisches und gekühltes Trinkwasser, wahlweise blubbernd. „Und auf Toilette können Sie bei uns natürlich auch gehen", sagt Miriam Schmalhaus lachend.

Das sei vor allem für Radfahrer auf dem RuhrtalRadweg eine wichtige Info. Am Turm Styrum gebe es die letzte öffentliche Toilette auf dem Weg in Richtung Duisburg-Ruhrort. Das ist aber nicht der einzige Grund, weshalb viele Ausflügler am Aquarius von ihren Satteln steigen. Von dem 1892 erbauten Gebäude bietet sich ein imposanter Ausblick in die Umgebung – bis in die Tiefen des Ruhrgebiets hinein. „Wassertürme wurden immer auf die höchsten Erhebungen gebaut", erklärt Schmalhaus. So boten sie einen möglichst hohen Wasserdruck, um möglichst viele Betriebe und Zechen in der Umgebung versorgen zu können – heute profitieren davon die Ausflüglerinnen und Ausflügler.

Digital geht es durchs Museum.

Der interaktive „Wasserchat"

Lage: Das Aquarius Wassermuseum liegt in Mülheim an der Ruhr, im westlichen Ruhrgebiet; Burgstraße 70, 45476 Mülheim an der Ruhr

Info

Website: *aquarius-wassermuseum.de*

HINWEISE:

- Das Museum ist besonders für ältere Kinder (ab drittem Schuljahr), Jugendliche und Erwachsene geeignet.
- Ein weiteres Wassermuseum, ebenfalls von dem örtlichen Wasserbetrieb RWW geführt, gibt es im Haus Ruhrnatur. Dort wird das Thema Wasser auf andere Weise erlebbar und Kinder können Wasser spüren. Es gibt ein großes Aquarium mit allen Fischarten, die in der Ruhr leben; *haus-ruhrnatur.de*

9 Landschaftspark Nord Duisburg

KLETTERN ZWISCHEN STAHL UND BETON

Der Landschaftspark Nord ist einer der imposantesten Industriedenkmäler der Metropole Ruhr. Das Gelände bietet viele Freizeitmöglichkeiten – insbesondere zwei Kletterangebote.

Rostig stehen sie da, die ehemaligen Anlagen der Hüttenanlage in Duisburg-Meiderich. Entlang der ehemaligen Rampen, Hallen und Anlagen sind heute Seile gespannt. Es sind Kletterseile, die dort im weiten Raum der Industriebrache hängen. In dem Hochseilparcours liegen den Besucherinnen und Besuchern allerlei Hindernisse im Weg: etwa leere Ölfässer oder schmale Trittbretter. Die größte Herausforderung dürfte aber die Höhe sein. Die Strecke führt auf bis zu stolze 50 Meter hinauf. Wer sich in den Parcours wagt, ist rund drei Stunden unterwegs. Es lohnt sich, eine kleine Gruppe zur Begehung zu suchen und einzusteigen. Allein sind die Chancen nämlich deutlich geringer, da der Industriekultur-Klettergarten für Einzelpersonen nur an bestimmten Tagen geöffnet ist. Auch deshalb ist der Kurs für Einsteiger wohl nichts, wenn sie auf eigene Faust unterwegs sind.

Im Klettergarten braucht man starke Nerven.

Das gilt erst recht für die zweite Kletterattraktion im Landschaftspark: ein echter Klettersteig, der vom Deutschen Alpenverein eingerichtet wurde und weiterhin von diesem gepflegt wird. Die Duisburger DAV-Sektion hat dafür Streben und Kletterhilfen in die Betonsäulen der ehemaligen „Möllerbunker“ montiert. Es gibt verschiedene Schwierigkeitsgrade. Der Höhepunkt ist der „Monte Thysso“, der 530 Meter lange Hauptsteig. Für die gesamte Anlage ist eine eigene Kletterausrüstung Pflicht – und dringend notwendig.

Parkbesucherinnen und -besucher können auch gut zuschauen. Am besten, wenn einen eine kleine Radtour über das weitläufige Gelände ohnehin am Klettersteig vorbeiführt. Zwischendurch können die Radfahrenden immer wieder kurz absteigen, wie zum Beispiel an dem großen Wasserspielplatz oder der Röhrenrutsche.

Eine eigene Landschaftspark-App bietet praktische Orientierung. An jedem aktuellen oder ehemaligen industriellen Highlight hat die App Informationen parat.

Zum Beispiel am Gasometer. In der großen Stahltonne wurden einst bis zu 20.000 Kubikmeter Gichtgas gespeichert. Je nach Bedarf konnte das Gas aus der 1920 erbauten Tonne entnommen werden, um Maschinen in der Kraftzentrale anzutreiben. Heute ist sie mit Süßwasser gefüllt. Darin: ein Taucherparadies. Und zwar nicht irgendeines, sondern mit 45 Meter Durchmesser das wohl größte Indoor-Tauchzentrum Europas. Es geht 13 Meter tief und durch insgesamt 21 Millionen Liter Wasser. Auf dem Grund gibt es eine Menge zu ertasten oder zu erleuchten, etwa einen Flugzeugrumpf oder eine versenkte Jacht. Die liegen im dunklen Wasser, in das kein Tageslicht fällt.

Blick vom Hochofen

Für alle Nicht-Taucherinnen und -Taucher empfehlen wir den Weg mit dem Fahrrad über das Gelände fortzusetzen. Und dann sollte ausreichend Zeit bleiben, um den Höhepunkt zu ersteigen. Es geht wieder nach oben, über teils exponierte Stahltreppen: auf den alten Hochofen 5. In ihm wurden bis zur Stilllegung der Hütte 1985 die Erze zu Roheisen geschmolzen. Dafür wurde der Ofen auf rund 2000 Grad Celsius erhitzt. Heute erinnern daran nur noch Schautafeln und das imposante, verrostete Stahlgebilde. Von dessen oberster Aussichtsplattform in einer Höhe von 54 Metern hat man einen tollen Blick ins westliche Ruhegebiet – zumindest tagsüber. Im Dunkeln, wenn die Leitern und Treppen des Ofen ebenfalls geöffnet sind, ist die Sicht weniger weit. Dafür leuchtet dann das gesamte ehemalige Stahlwerk in bunten Farben. Die Dauer-Lichtinstallation setzt die Industriekulisse jedes Wochenende in Szene und ist spätestens dann bei Hobby-Fotografen ein besonders beliebtes Fotomotiv.

Info

Lage: Der Landschaftspark Nord liegt in Duisburg, im westlichen Ruhrgebiet; Emscherstraße 71, 47137 Duisburg

Einkehren: Auf dem Gelände gibt es ein Restaurant mit Biergarten (Hauptschalthaus: *hauptschalthaus.com*) sowie ganzjährig einen Foodtruck.

Websites:

- *landschaftspark.de*
- Klettersteig des Deutschen Alpen Vereins: *dav-duisburg.de*
- Tauchcenter: *tauchrevier-gasometer.de*

HINWEISE:

- Wir empfehlen vor dem Besuch die App „Landschaftspark – Lapano" herunterzuladen. Sie ist kostenlos und für iOS und Android verfügbar. Mithilfe von GPS hat sie passende Informationen zum (meist wirklich sehr genauen) Standort parat.
- Der Hochofen und die Aussichtsplattform sind ganzjährig begehbar.
- Wenn Ihr mit dem Fahrrad über das Gelände möchtet: An der Station von „Revierrad" (*revierrad.de*) könnt Ihr auch Räder vorab reservieren. Außerdem gibt es direkt am Eingang des Geländes eine Station des ruhrgebietsweiten Mietradanbieters Metropolradruhr. Da braucht es allerdings etwas Glück, dass gerade ein Rad vor Ort verfügbar ist (*metropolradruhr.de*).
- Der Landschaftspark Nord ist ohnehin gut mit dem Fahrrad erreichbar, da er direkt am Radweg „Emscher Park Radweg/Gründer Pfad" und in Nähe des RuhrtalRadwegs liegt. Routenplanung mithilfe der parkeigenen App: *landschaftspark-lapano.de* oder im Rahmen unseres Abenteuers „Mit dem Rad entlang der Ausflugsziele" (siehe Tipp 12)
- Im Sommer findet auf dem Gelände ein Open-Air-Sommerkino statt.

10 Duisburg Tiger and Turtle

FOTOTOUR ZUR ACHTERBAHN-SKULPTUR

Auf einer Halde in Duisburg wartet ein viel fotografiertes Kunstwerk. „Tiger and Turtle“ ist ein guter Ort für einen Schnappschuss, eine ausgedehnte Fotosession oder die nächste Instagram-Story.

Aufbleiben lohnt – „Tiger and Turtle“ bei Nacht

Die Stahlträger winden sich in langen Kurven, ein Looping sorgt für Kopfüber-Momente. Rasant geht es von links nach rechts. Ein Bogen geht in den nächsten über. Diese Installation lebt von Fliehkräften, die bei so einer Geschwindigkeit entstehen. Das könnte die Beschreibung einer besonders aufregenden Achterbahnfahrt sein. Ist es aber nicht – denn es geht um Entschleunigung.

„Tiger and Turtle – Magic Mountain“ ist weder eine Achterbahn, noch hat es etwas Schnelles an sich. Denn wer auf das begehbare Kunstwerk steigt, erlebt Entschleunigung. Das Kunstwerk ist nämlich nur zu Fuß zu begehen – Schritt für Schritt. Und genau das ist der Gegensatz, den die Künstlerin Heike Mutter und der Künstler Ulrich Genth darstellen wollen. Es ist der „Turtle“-Teil, die Schildkröte, in ihrem Kunstwerk.

Seit 2011 steht das Kunstwerk auf der Heinrich-Hildebrand-Höhe im Duisburger Südwesten. Die Halde ist mit knapp 60 Metern eher klein. Sie wurde erst 2005 mit dicken Plastikbahnen geschlossen und anschließend begrünt. Heute steht auf ihr eine der bekanntesten Landmarken, die es in der Metropole Ruhr auf die verschiedenen Halden geschafft haben. „Tiger and Turtle" entstand im Rahmen der Kulturhauptstadt „Ruhr 2010". Damals hatte wohl kaum jemand erwartet, wie gut das Kunstwerk ankommen würde. Täglich kommen Besucherinnen und Besucher, steigen die Gitterroste hoch und laufen über das fast komplett begehbare Kunstwerk. Sie kommen soweit, wie es möglich ist – bis der Looping ein Weitergehen verhindert.

Den Looping kann man nicht ganz begehen.

Wir empfehlen: Handy einstecken, Stativ einpacken und Linsen putzen – egal, ob von Handy oder Kamera. „Tiger and Turtle" wird bei Nacht von fast 900 LED-Scheinwerfern ins passende Licht gesetzt. Das ergibt hervorragende Nachtaufnahmen – mit Langzeitbelichtung. Doch auch tagsüber lassen sich dort tolle Aufnahmen knipsen. Etwa mit beeindruckendem Licht bei Sonnenauf- oder -untergang. Der richtige Bildausschnitt setzt das wie mit Magie gewundene Objekt spektakulär in Szene. Das haben auch zahlreiche Profi-Fotografen entdeckt. Das Kunstwerk ziert viele Kalenderbilder und hat es sogar in die Windows-Bildauswahl für Bildschirm-Hintergründe geschafft.

Doch der „Magic Mountain", wie der zweite Teil des Namens lautet, lohnt auch für Nicht-Fotografen – soweit das im Smartphone-Zeitalter überhaupt noch jemand ist. Von Halde und Skulptur bietet sich ein spannender Ausblick. Unterhalb werden noch heute jedes Jahr rund vier Millionen Tonnen Stahl gekocht, im Hüttenwerk Krupp Mannesmann. Außerdem fließt der Rhein nur einige hundert Meter entfernt entlang und auch der Düsseldorfer Fernsehturm ist in Sichtweite.

Kunst und Industrie in einem Bild

Lage: Tiger and Turtle liegt in Duisburg im westlichen Ruhrgebiet; Ehinger Straße 117, 47249 Duisburg

Info

Website: *duisburg.de/tourismus/stadt_erleben/industriekultur/tiger-and-turtle.php*

HINWEISE:

- „Tiger and Turtle – Magic Mountain" steht auf einer Grundfläche von knapp 40 mal 40 Metern und ist 20 Meter hoch. Der höchste begehbare Punkt liegt bei 13 Metern. Das Kunstwerk ist daher zugleich eine gute Aussichtsplattform.
- Vom Parkplatz beträgt der Höhenunterschied zum Kunstwerk gerade mal 30 Meter. Dennoch gibt es einen 2,7 Kilometer langen Rundweg zur Spitze.

11 Rheinluft im Ruhrgebiet

PICKNICKEN UND HAFENRUNDFAHRT IN DUISBURG

Die Ruhr mündet in den Rhein – und zwar in Duisburg. Direkt daneben: der größte Binnenhafen der Welt. Und trotzdem lädt nur wenige Kilometer entfernt die Ruhe des Rheinparks zum Entspannen ein.

An Duisburgs Rheinufern lässt sich ein abwechslungsreicher Tag verbringen. Bummeln, Picknicken und große Industrieschifffahrt – in den Stadtteilen Ruhrort und Hochfeld ist alles beieinander. Am besten beginnen Ausflügler ihren Tag im Duisburger Hafen. Hier wird für Klein und Groß ordentlich was geboten. Der Hafen gilt mit seinem Gesamtumschlag von mehreren Millionen Containern pro Jahr als der größte Binnenhafen der Welt. Die Container stapeln sich und Schüttgut türmt sich auf großen Hügeln. In den vier Hafenbecken werden jährlich rund 20.000 Schiffe abgefertigt, die Güter auf 25.000 Züge verladen.

Einen Eindruck von den Dimensionen gibt es bei einer Hafenrundfahrt. Die Fahrten dauern zwei Stunden. Auf kleineren Ausflugsschiffen geht es entlang der Verladeterminals. Wem das zu lang ist, kann aber auch einfach so einen Blick auf den Hafen werfen und die Containerschiffe auf dem Rhein bestaunen.

Das Gesehene lässt sich anschließend gut mit einigen Informationen für das Allgemeinwissen untermauern. Der ideale Ort

Bunte Container im größten Binnenhafen der Welt

dafür: das Museum der Deutschen Binnenschifffahrt, unweit des Hafens. In dem Gebäude, einer alten Badeanstalt aus der Zeit vor dem Ersten Weltkrieg, steht unter anderem ein alter Lastenkahn. Hier lernen Kinder und Erwachsene, wie die Menschen die ersten Meter auf dem Wasser zurücklegten – zum Beispiel auf Holzflößen, vor über 10.000 Jahren. Echte Schiffe, Modelle und andere Exponate aus der Binnenschifffahrt machen das Leben auf und mit dem Wasser greifbar. Direkt neben dem Museum liegen im Seitenarm des Rheins noch einige Museumsschiffe.

Das Rheinufer lädt zum Entspannen und Spielen ein.

Nach so viel Eindrücken ist es Zeit zum Entspannen. Und das geht hervorragend im Rheinpark, einige Kilometer flussaufwärts. Obwohl das aufwendig angelegte Areal nur wenige Kilometer Luftlinie entfernt ist, sind Besucher zu Fuß vom Hafen rund eine Stunde unterwegs. Trotzdem: Der Rheinpark mit seinen etwa 60 Hektar Fläche lohnt. Auf den weiten Rasenflächen können Familien Ball spielen. Es gibt auch einen Skatepark und eine Kletterwand. Die Klettergriffe sind in die alten Betonwände der einstigen Industrieanlage geschraubt. Diese versperrte bis in die 1990er-Jahre den Duisburgerinnen und Duisburgern den Zugang zum Rhein.

Daran erinnern nur noch Überreste. Mit dem Ausblick auf einen Wasserturm und die alten Betonwände, können Ausflüglerinnen und Ausflügler heute an der 1,4 Kilometer langen Rheinpark-Promenade entlang flanieren. Und zwischendurch findet sich garantiert ein nettes Fleckchen Wiese für ein ausgiebiges Picknick. Und für wen das nichts ist, der findet vielleicht beim „Ziegenpeter“ sein kulinarisches Glück. Der Biergarten direkt am Rheinufer hat verschiedene Speisen für kleine Preise im Angebot. Das Besondere: Hier geht es um Nachhaltigkeit – auch soziale. Verschiedene Menschen arbeiten zusammen und leben Inklusion. Das Restaurant ist ein Projekt der Stadt Duisburg und der örtlichen Werkstatt für Menschen mit Behinderungen.

Info

Lage: Das Rheinareal liegt in Duisburg, im westlichen Ruhrgebiet.

- Museum der Deutschen Binnenschifffahrt: Apostelstraße 84, 47119 Duisburg
- Rheinpark: Liebigstraße 70, 47053 Duisburg

Website: *binnenschifffahrtsmuseum.de*

HINWEIS: Die Hafenrundfahrten beginnen teils am Museum, teils an anderen Orten; *hafenrundfahrt.nrw* oder *hafenrundfahrt-duisburg.de*

Einkehren:

- Restaurant Ziegenpeter im Rheinpark: *ziegenpeter-duisburg.de*
- Cafe Krümelküche: Rund fünf Autominuten vom Rheinpark entfernt, am Rande des Duisburger Dellviertels, *kruemelkueche.de*

12 Oberhausen

MIT DEM RAD ENTLANG DER AUSFLUGSZIELE

Die Radtour „Stahlküche“ führt gleich entlang mehrerer Tipps aus diesem Buch. Wer einen Teil des westlichen Ruhrgebiets in Bewegung erleben will, ist dort genau richtig. Los geht es in Oberhausen.

Die Tour beginnt (Knotenpunkt 9) an einer der Top-Attraktionen der Region: dem 117 Meter hohen Gasometer in Oberhausen. Er ist der größte Gasbehälter Europas und einen eigenen Ausflug wert – in unserem Reiseführer hat er es in die Top-Highlights geschafft. Im Inneren des Gasometers finden wechselnde, stets beeindruckende Ausstellungen statt. Der Raum der großen Tonne wird dafür ideal inszeniert. Eigentlich ist es fast zu schade, trotzdem auf den Drahtesel zu steigen. Doch daran gewöhnt Ihr Euch lieber direkt: Der bittere Beigeschmack dieser Radtour ist, dass kaum Zeit bleibt, an den einzelnen Punkten ausgiebig Rast zu machen – dafür sind es zu viele. Zumal es dort am Rhein-Herne-Kanal ja erst losgeht. Immerhin: In einigen Stunden beendet Ihr die Tour auch wieder unterhalb der Stahltonne – vielleicht ist dann ja noch Zeit und Kraft für die Ausstellung?

Am Gasometer überquert Ihr auf der Radfahrerbrücke den Rhein-Herne-Kanal und nehmt direkt nach dem Kanal, noch bevor die Brücke weiter und über die Emscher führt, den Abzweig. Es geht direkt entlang des Rhein-Herne-Kanals Richtung Westen. Nach wenigen hundert Metern passiert die Strecke die „Slinky Springs to Fame"-Brücke. Auf der anderen Seite liegt der Kaisergarten – eigentlich ebenfalls einen Abstecher wert. Es sollte aber zumindest ein kurzer Moment für die Brücke übrig sein. Sie ist mehr als eine Querungshilfe, sie ist Kunst. Der Frankfurter Künstler Tobias Rehberger entwarf sie aus 496 Aluminiumbögen.

Die „slinky springs to Fame"-Brücke

Der Weg führt zum Knotenpunkt 10 und von dort auf den Rundparcours (als nächstes: Knotenpunkte 13, 25, 29). Dieser folgt bis zur nächsten Attraktion am Wegesrand, dem Landschaftspark Nord (siehe Tipp 9), dem Grünen Pfad. Auf dieser ehemaligen Bahntrasse wurden einst Tonnen an wichtigen Gütern, wie Kohle und Erz, transportiert. Sie ist ein Paradebeispiel für die vielen stillgelegten Schienenwege, die heute beliebte Fahrradtrassen sind. Die Strecke führt anschließend durch kleine Anwohnerstraßen bis zur Ruhr.

Bei Ruhrort (Knotenpunkt 39, dann weiter zu 26 und 34) stoßen die Radlerinnen und Radler auf den Rhein, dem sie in Fließrichtung gen Norden folgen. Vom Sattel aus lässt sich gut die Binnenschifffahrt beobachten: Rheinschiffe transportieren viele verschiedene Güter, Flusskreuzer schippern Touristeninnen und Touristen von Rheinmetropole zu Rheinmetropole. Am Knotenpunkt 36 erscheint die Halde Rheinpreußen mit ihrem markanten Geleucht (siehe Tipp 13). Ein Abstecher ist wiedermal möglich und lohnend, dafür sind aber einige Höhenmeter zu überwinden. Eine gute Aussicht auf Rhein, Schwerindustrie und in den Niederrhein hat man aber auch vom 50 Meter hohen Alsumer Berg (Knotenpunkt 22), in der Nähe des mittlerweile berüchtigten Duisburger Stadtteils Marxloh. Dort existiert eine Mischung aus sozialem Brennpunkt und bunter Vielfalt.

Schöne Aussichten laden zu Pausen ein.

Am Knotenpunkt 21 sind rund drei Viertel der Strecke geschafft. Die Route biegt dort rechts auf die HOAG-Trasse ab, eine weitere vormals herausragend wichtige Güterzuglinie. Sie gehörte der Hüttenwerke Oberhausen Aktien Gesellschaft (HOAG) und wurde

2007 vom Regionalverband Ruhr als Radweg eingeweiht. Diese verknüpfte den Hafen mit den westlichen Zechen. Der Weg führt etwa an der schon 1933 stillgelegten Zeche Sterkrade entlang, von der nur noch Schachthalle und Fördergerüst übrig sind. Ihr passiert Knotenpunkt 14 und kommt zurück zum Beginn des Rundparcours (Knotenpunkt 13). In wenigen Minuten ist man dann wieder am Ausgangsort, dem Gasometer. Und jetzt – noch Lust auf die Stahltonne zu steigen?

Info

Lage: Der Startpunkt am Gasometer liegt in Oberhausen im westlichen Ruhrgebiet; Arenastraße 11, 46047 Oberhausen

HINWEISE:

- Diese Route beschreibt die Radrevier-Tour „Stahlküche – den Wandel erfahren“, *radrevier.ruhr/de/unsere-revierrouten/stahlkueche.html*
- Die Strecke ist insgesamt 47 Kilometer lang und legt lediglich rund 100 Höhenmeter zurück (plus eventuell weitere bei Abstechern auf die Halde Rheinpreußen oder den Berg Alsum).
- Ihr passiert 15 Radrevier-Knotenpunkte.
- Der Kaisergarten zu Beginn der Tour ist eine beliebte Grünanlage, mit kleinem Tiergehege. Dort sind Pferde, Hirsche und Reptilien zu sehen; *tiergehege-kaisergarten.de*
- Mögliches QR-Video über diese Radtour: *youtube.com/watch?v=1jhXdMG6sN0&t=68s*
- Als Komoot-Tour: *komoot.de/tour/781582418?ref=wtd*

Einkehren:

- Es gibt viele Rastmöglichkeiten entlang der Strecke, etwa im Landschaftspark Nord. Einen beliebten Biergarten mit Rheinblick gibt es im „Hafensturm“. Dafür am Knotenpunkt 39 die Route kurz verlassen, den Rhein in Richtung Knotenpunkt 38 überqueren und dort zur Promenade, *biergarten-hafensturm.de*

13 Halde Rheinpreußen Moers

ABENDTOUR IM ROTEN LICHT

Ein ausgedehnter Spaziergang führt zur größten Grubenlampe der Region, wenn nicht gar der Welt. Wir empfehlen die Halde Rheinpreußen in Moers in der Dämmerung.

„Und er hat sein helles Licht bei der Nacht – Glück auf, Glück aahauuf, Glück auf, Glück auf". So lautet der Refrain des Steigerliedes, der traditionellen Ruhrgebiets-Hymne. Und die Textzeile passt hervorragend zur Halde Rheinpreußen und ihrer Landmarke. Das „Geleucht" ist einer Davy-Lampe nachempfunden, wie die Kumpel sie ab 1830 mit unter Tage nahmen. Sie galt als eine vergleichsweise sichere Grubenlampe, weil sie trotz ihres offenen Feuers kaum Gasexplosionen auslöste. Derartige „Schlagwetter" waren vor ihrer Einführung eine häufige Ursache für schwere Grubenunglücke. Die Davy-Lampe war aber nicht nur sicherer, sie diente gleichzeitig auch als Warnsystem vor steigendem Grubengasgehalt, weil die Flamme dann erlosch.

Das Geleucht in schönster Farbe

Anfang des 20. Jahrhunderts wurde die Lampe nach und nach durch elektronische Leuchten abgelöst. Das Geleucht auf der Halde steht trotzdem symbolisch für diese prägende Zeit. Das Kunstwerk ist mit seinen 28 Metern eine der größeren Landmarken auf den Halden des Ruhrgebiets. Sie wurde vom Künstler

Otto Piene entworfen und 2007 als Teil des Gesamtkunstwerkes Halde Rheinpreußen eingeweiht. Die Stahllampe gilt als größtes Montankunstwerk der Welt.

An bestimmten Tagen sind die Türen des Geleuchts offen, dann können Besucherinnen und Besucher in ihrem Inneren eine Treppe einige Meter hochsteigen. Von einer Aussichtsplattform bietet sich ein noch besserer Rundumblick als ohnehin schon. Teile des Niederrheins und der Duisburger Hafen sind von der Halde aus gut sichtbar, unterhalb liegt der Rhein.

Die Halde Rheinpreußen lohnt aber vor allem aus einem anderen Grund: dem roten Licht. Jeden Abend strahlt sowohl die Laterne in rotem Licht als auch eine große Fläche der Halde selbst. Rund 8000 Quadratmeter werden von LED-Lichtern rötlich geflutet. Es entsteht ein ganz besonderes Bild, das vor allem bei Fotografen beliebt ist. Diese warten ab Einbruch der Dämmerung, bis nach und nach die Lichter angehen. Auf diesen Moment sollten Besucherinnen und Besucher der rund 100 Meter hohen Halde auf jeden Fall warten. Dabei kann man es sich zum Beispiel auf einer Picknickdecke auch gemütlich machen. Das Licht wird allerdings immer nur für einige Stunden nach Einbruch der Dunkelheit angeknipst – also sicherheitshalber nicht zu spät kommen.

Für Ausflügler, die schon am Nachmittag Zeit haben, lohnt noch eine kleine Extrarunde um den Waldsee. Der See liegt nördlich, direkt unterhalb der Halde und trennt das Naherholungsgebiet von der Autobahn A42. In unter einer Stunde lässt sich der See bei einem verlängerten Spaziergang umrunden, bevor es nach oben in Richtung Geleucht geht. Hinauf führen viele verschiedene Wege. Entweder sie folgen dem langen Rundweg, der Stück für Stück nach oben führt, oder wählen einen Zickzack-Kurs bergan. Da das Geleucht nicht ganz auf der Spitze der Halde steht, lässt sich oben zum Beispiel auch ein kleiner Winddrachen steigen – allerdings wohl nur an weniger vollen Tagen.

Die Halde Rheinpreussen bei Tag – auch einen Besuch wert

Info

Lage:
Die Halde Rheinpreußen liegt in Moers im Kreis Wesel, der im westlichen Ruhrgebiet liegt; Parkplatz: Römerstraße 790, 47443 Moers

Website: *moers.de/de/freizeit/halde-rheinpreussen*

HINWEIS:
Ein Förderverein kümmert sich um die Instandhaltung des Geleuchts: *das-geleucht.de*

14 Glamping in Hamminkeln

EINE BESONDERE NACHT, DIREKT AM WASSER

Die Nächte sind in einem Urlaub häufig das kostspielige Muss. Doch bei diesem HeimatMoment werden die Kosten zum klug investierten Abenteuerbudget: die Unterkunft ist Teil des Erlebnisses.

Die Nachmittagssonne spiegelt sich auf den kleinen Wellen. Ein seichter Wind weht über den kleinen See. Die Sommersonne taucht die Veranden der drei kleinen Seehäuschen in ein warmes Licht. Die drei Hütten in blauer, roter und gelber Farbe sind nicht nur zu dieser Tageszeit und bei gutem Wetter ein echtes Idyll.

Sie gehören zum Campingplatz in der Dingdener Heide im Kreis Wesel. Diese Region zählt landschaftlich schon eher zum Niederrhein, politisch und formal aber ins Ruhrgebiet. Auf diesem

Eine romantische Hütten-Unterkunft mit Seeblick

Platz gibt es die üblichen Dauerstellplätze und Kurzzeitflächen für Zelte oder Campingwagen. So weit so normal. Wir empfehlen aber die besonderen Unterbringungen: zum Beispiel die Seehütten. Sie haben alle einen kleinen Privatsteg. Nochmals einen Sprung ins kühle Nasse nehmen, kurz bevor es das Abendessen direkt auf der Terrasse, nur wenige Meter oberhalb der Wasserkante, gibt? Ein Muss, wenn es im Sommer warm genug ist.

Die drei Hütten sind schnell ausgebucht. Für diesen Fall schweben aber weitere besondere Unterkünfte an diesem Platz. Der Name ist bei ihnen Programm – es handelt sich um Schwebezelte. Sie schweben natürlich nicht wirklich, aber es wirkt so. Die Zelte sind nämlich in einer Höhe von zwei Metern zwischen mehreren Bäumen gespannt. Und das ebenfalls in Spuckweite zum Wasser, mit Blick auf die bereits beschriebenen Seehütten. Wer morgens die Zeltplane zur Seite schiebt, schwebt über dem Boden und blickt auf das Wasser. Die Kinder können dann schon mal flott zum Spielplatz, wenige Meter weiter – während man selbst schaukelnd im Zelt bleibt. Keine Fantasie – in den Zelten finden zwei Erwachsene und zwei Kinder Platz. Wer es weder schaukelnd noch schwebend mag, findet vielleicht an dem zweiten See auf dem Gelände die richtige nicht ganz gewöhnliche Kurzzeit-Unterkunft: hier warten die sogenannten „Höhlen" oder „Nester". Das sind mit Fichtenschindeln bedeckte runde Unterkünfte – mit festen Matratzen-Betten und eigenen Terrassen.

Bei allen Unterkünften dieser Art laden die jeweiligen Teiche in der Nähe zum Durchatmen und Entspannen oder zum Schwimmen ein. Danach sollte es Besucherinnen und Besucher zu einer Wanderung drängen. Denn der Platz liegt direkt in der Dingdener Heide. Von den Camping-Unterkünften blicken die Besucher schon in die Wipfel der heidetypischen Kieferbäume. Diese besondere Landschaft ist ideal zum Wandern oder Fahrradfahren.

Der Willibrordi-Dom in Wesel

Nach all dem Übernachten in Naturnähe keine Lust, auch noch in den Wald zu gehen? Na gut. Dann ist ein kleiner Stadtausflug eine gute Alternative. In knapp 20 Fahrminuten ist man in der Kreisstadt Wesel. Die Innenstadt ist hübsch, der Dom in ihrer Mitte eine architektonische Besonderheit. Das evangelische Gotteshaus gilt als gutes Beispiel für spätgotische Baukunst in Norddeutschland. Der große Bau überrascht von außen mit einer gewissen Schlichte. Innen gibt es dann keine bunten Kirchenfenster oder prachtvolle und verschnörkelte Altare – protestantisch eben. Stattdessen: ein helles und großzügiges Kirchenschiff.

Info

Lage: Der Campingplatz Dingdener Heide gehört zur Stadt Hamminkeln im Kreis Wesel, der im westlichen Ruhrgebiet liegt; Bußter Weg 100, 46499 Hamminkeln

HINWEISE:

- Wandertipp für die Dingdener Heide: ein „Rundweg" zum Lernen. Die 4,7 Kilometer lange Tour führt entlang verschiedener Formen von Flächenbewirtschaftung. Der Weg ist ausgeschildert mit entsprechenden Zeichen und führt wenige Meter vom Campingplatz entfernt in den Kiefernwald; *dingdener-heide.com/attraktionen/rundweg*
- In der Region leben seit einigen Jahren wieder Wölfe. Die Tiere klingen nach Abenteuer, sind für den Menschen aber ungefährlich – so lange man sich bei einem der seltenen Aufeinandertreffen richtig verhält. Alle nötigen Infos und Wissenswertes über das Tier gibt es auf dem Wolf-Infopfad, gepflegt von der Naturschutzorganisation NABU. Die vier Schautafeln stehen am Parkplatz zur Alten Schäferei, dem eigentlichen Startpunkt des Dingdener Rundweges.
- Der Willibrordi-Dom in Wesel ist mitten in der Altstadt: Willibrordiplatz, 46483 Wesel, *dombauverein-wesel.de*
- Das LVR-Niederrheinmuseum in Wesel bietet unter anderem Informationen zu 700 Jahren deutsch-niederländischer Geschichte; An der Zitadelle 14-20, 46483 Wesel, *niederrheinmuseum-wesel.lvr.de*

15 Altstadt Xanten

WO DER BÄCKER SEIN EIGENES MEHL MAHLT

Am Rande des Ruhrgebiets, in Xanten, warten Relikte aus dem Mittelalter und dem alten Rom. Und in der alten Mühle können Klein und Groß miterleben, wie der Wind für Mehl sorgt.

Sprosse für Sprosse klettert der Müller nach oben. Nicht eine Leiter, sondern auf den großen Flügen seiner Windmühle Kriemhild. Er muss die Windsegel setzen und wird dabei fasziniert von seinen Besucherinnen und Besuchern beobachtet. Stück für Stück zieht er den festen braunen Stoff in die Breite. Dann klettert er wieder runter und ein Mädchen aus der Gruppe darf helfen.

Regelmäßig führt Müller Rolf Peter Weichold interessierte Gäste über die Stufen seiner Mühle. Eine Windmühle, mit einem großen Rad, das den Wind einfängt und die Mahlsteine antreibt. Mit deren Hilfe kann der Müller das Korn schreddern. Es entsteht Mehl. Und das wird dann auch gleich weiterverarbeitet. Zu einem Roggenbrot, einem Dinkel-Baguette oder leckerem Kuchen. Denn praktischerweise ist die Backstube direkt im kleinen Anbau der Mühle untergebracht. Die Kriemhild-Mühle ist in dieser Art und ihrer täglichen Verwendung eine Seltenheit in Deutschland. Die Backstube ist für die Besucherinnen und Besucher ebenfalls geöffnet. Zumindest, wenn der Müller gerade nicht in den Windsegeln herumklettert oder es eine angemeldete Gruppe gibt.

Rolf Peter Weichold erklärt seine Mühle.

Zurück in die Mühle. Unten befindet sich der kleine Backladen, in dem es auch andere nachhaltig produzierte Produkte gibt. Von dort führen sehr schmale und steile Leitern hinauf in die erste, dann in die zweite und dritte Etage. Die jeweiligen Fußböden bestehen aus wackelig wirkenden Holzplanken, die dort seit Jahrzehnten Arbeit und Schaulustigen standhalten. Kleine Infotafeln erklären das traditionsreiche Müller-Handwerk.

Die Mühle liegt wenige hundert Meter vom Archäologischen Park Xanten entfernt. Die Stadt ist für die Ausgrabungen weit über die Region hinaus bekannt. Dort pulsierte zu Zeiten der Römer das

Holzschnitzerei im Xantener Dom

Leben. Heute ist die beschauliche Innenstadt von Xanten eher ruhig, aber nicht weniger besuchenswert. Die Altstadt grenzt direkt an die Kriemhild-Mühle an. Im Zentrum liegt der große St. Viktor Dom. Der Gegensatz zum Dom von Wesel, der nur wenige Kilometer entfernt den Rhein aufwärts steht (siehe Tipp 14), könnte nicht größer sein. Der Dom, der von 1263 bis 1544 erbaut wurde, besteht aus insgesamt fünf Schiffen. Überall brennen die für katholische Kirchen typischen Kerzen. Im Dom stehen über 20 Altare mit verschnörkelten und auffälligen Holzschnitzereien, die aus dem 16. Jahrhundert stammen. Der Dom, der keine Bischofskirche ist und es auch nie war, ist vor allem wegen der Gebeine des heiligen Viktors ein beliebtes Pilgerziel. Die sterblichen Überreste des christlichen Märtyrers sollen in der Krypta liegen.

Ein Rundgang durch die Altstadt Xantens schließt den Halbtagsausflug ab. Neben einigen kleinen Lädchen und Cafés oder Restaurants gibt es noch einige alte Gebäude. Etwa das Klever Tor, ein Überbleibsel der alten Stadtbefestigung aus dem 14. Jahrhundert – heute befinden sich darin einige Ferienwohnungen für diejenigen, die in Xanten mehr als nur einige Stunden verbringen möchten.

Info

Lage: Die Kriemhild-Mühle ist in Xanten, das zum Kreis Wesel im westlichen Ruhrgebiet gehört; Kriemhild-Mühle: Nordwall 5, 46509 Xanten

Websites:

- Kriemhild-Mühle: *kriemhild-muehle.de*
- Dom: *xanten.de/de/tix/dom-st.-viktor*
- Klever Tor: *xanten.de/de/tix/klever-tor*
- Archäologischer Park Xanten und LVR-Römermuseum: *apx.lvr.de*

HINWEIS: Zu Zeiten Roms war Xanten als „Colonia Ulpia Traiana" eine der bedeutendsten Städte des Römischen Reiches und eine der größten Metropolen im germanischen Teil des Reiches.

16 Xantener Südsee

EIN TAG SPASS AM, IM UND AUF DEM WASSER

Sonnen am Strand, spazieren um den See oder Segeln im Wind. In Xanten ist für alle Wasserratten das passende Angebot dabei. Wir empfehlen: einen Tag Spaß am Wasser.

Südsee – das klingt nach Sonne, Strand und Wasser. Genau das bietet die Xantener Südsee. Und: An dem kleinen Baggersee warten dazu noch eine Menge Angebote für einen sportlichen Tagesausflug. Zum Beispiel beim Wasserski oder Wakeboarden. Mit dem Zugseil in der Hand gleiten die Sportlerinnen und Sportler über das Wasser, direkt auf das nächste Hindernis zu. Das kann eine Rampe oder eine Art großes Rohr sein. Kurz vorher springen sie hoch und gleiten über das Hindernis. Kaum auf dem Wasser gelandet, spannt sich das Zugseil wieder und es geht direkt weiter.

Wasserski in Xanten? Das geht, dank einer Zuganlage. Bis zu zehn Sportlerinnen und Sportler können gleichzeitig auf dem 1000 Meter langen Rundkurs unterwegs sein. An ihren Füßen zwei Wasserskier oder ein Wakeboard. Die können sie natürlich vor Ort leihen. Und wem das Springen zu krass, der Rundkurs zu schnell ist, für den gibt es dennoch an der Anlage ein passendes Angebot: die Anfängerbahn. Dort kann man den Start üben und die Zuggeschwindigkeit ist anpassbar.

Ausflugsschiff in der Xantener Südsee

Alles zu wild oder zu sportlich und entspanntes Badengehen steht höher im Kurs? Dann ist das Naturbad an der Xantener Südsee die passende Alternativ-Anlaufstelle. Bunte Sonnenschirme vermitteln ein Flair, das es sonst oft nur im Urlaub gibt. Das Gute:

Das Naturbad grenzt direkt an die Wasserski-Anlage an. Einfach mal dort vorbeischauen ist also kein Problem – bevor man wieder in der Sonne des nordwestlichen Ruhrgebiets eindöst. Aber Achtung: Gerade der Wasserspielplatz vor dem Sandstrand verlockt zum Schreien und Jauchzen. Die schwimmende Plattform hat verschiedene Schwierigkeitsgrade. Rutschen, Brücken und Trampoline – schwimmend und für alle Altersklassen. Ruhe ist in der Nähe daher wirklich eher rar.

So geht Wakeboarden.

Die gibt es aber weiter draußen, auf dem Wasser. Und um dort hinzukommen, bietet sich ein schwimmbarer Untersatz an. Wie wäre es mit einem Stand-up-Paddelboard? Die können sich Besucherinnen und Besucher am Hafen Xanten oder an der Beachline, direkt gegenüber dem Naturbad, mieten. Dort gibt es auch Ruder- und Treetboote. Oder – für geübte Segler – kleine Segelboote. Von den Niederlanden aus kann der Wind gut in Richtung nordwestliches Ruhrgebiet pusten. Nicht ohne Grund stehen in der Region einige Windkrafträder und nebenan eine noch in Betrieb befindliche, historische Windmühle (siehe Tipp 15). Diese Brise ermöglicht guten Windwassersport. Kein Wunder also, dass auch die Ausrüstung zum Windsurfen an der Südsee vermietet wird.

Zu einem echten Wassersport-Paradies gehört aber auch eine Segelschule. Die gibt es an der direkt nebenan gelegenen „Xantener Nordsee"; am Hafen in Vynen. Dieser See ist für geübte Segler die richtige Anlaufstelle. Der Bootsverleih hat eine große Auswahl verschiedener Bootsklassen – von Katamaranen über schnelle Laser bis zu Fünf-Personen-Segelbooten. Dort, an dem nördlichen ehemaligen Kiesbecken gibt es auch attraktive Übernachtungsmöglichkeiten. Und zwar sowohl in festen Häusern im Ort Vynen, aber vor allem in Hausbooten, direkt auf dem Wasser, vertäut am Hafen in Vynen. Die beiden „Seen", die bis vor einigen Jahren noch ausgekiest wurden, sind durch einen schmalen Kanal miteinander verbunden. Und direkt dahinter, getrennt nur durch das ebenfalls lohnende Naturschutzgebiet Reeder Schanz, fließt schon der Rhein. Ein Besuch des Wassersport-Domizils lohnt vor allem im Sommer.

Die beiden Seen haben je eine Wasserfläche von 110 Hektar und sind bis zu 15 Meter tief. Die letzten Auskiesungen fanden 2013 statt. Insgesamt lässt es sich mindestens einen sonnigen Tag an Süd- und Nordsee sehr entspannt oder sehr sportlich verbringen. Es kommen dort wirklich alle auf ihre Kosten. Verschiedenste Gastronomie, Spielplätze und ein Kneipp-Gesundheitspfad runden das Angebot ab.

Info

Lage: Das Naturbad liegt in Xanten, das zum Kreis Wesel gehört und im westlichen Ruhrgebiet liegt; Am Meerend, 46509 Xanten

Websites:

- *f-z-x.de/wassersport/bootsverleih*
- Surfausrüstung, Kanus und SUP des Anbieters Beachline Xanten, der auch viel Erfahrung in der Anleitung und Betreuung von Menschen mit Behinderung hat: *beachline-xanten.de*

HINWEISE:

- Die Wassersportanlagen und -angebote öffnen ab dem Frühjahr, so richtig geht es Anfang Mai los. Zum 31. Oktober endet die Saison in der Regel.
- Die Xantener Südsee grenzt am Südufer quasi direkt an die Xantener Alt- und Innenstadt. Ein Bummel in den Geschäften, Cafés oder Restaurants ist fußläufig möglich – falls Sonne und Strand am See mal zu viel werden sollten. In unmittelbarer Nähe ist auch der Archäologische Park Xanten, mit Ausgrabungen und Exponaten aus Xanten zu den Zeiten Roms.

Mittleres Ruhrgebiet Nord

Kreis Recklinghausen (außer Herten) | Bottrop | Gelsenkirchen | Herne

Die Halde Rheinelbe zur „goldenen Stunde"

Mittleres Ruhrgebiet Nord

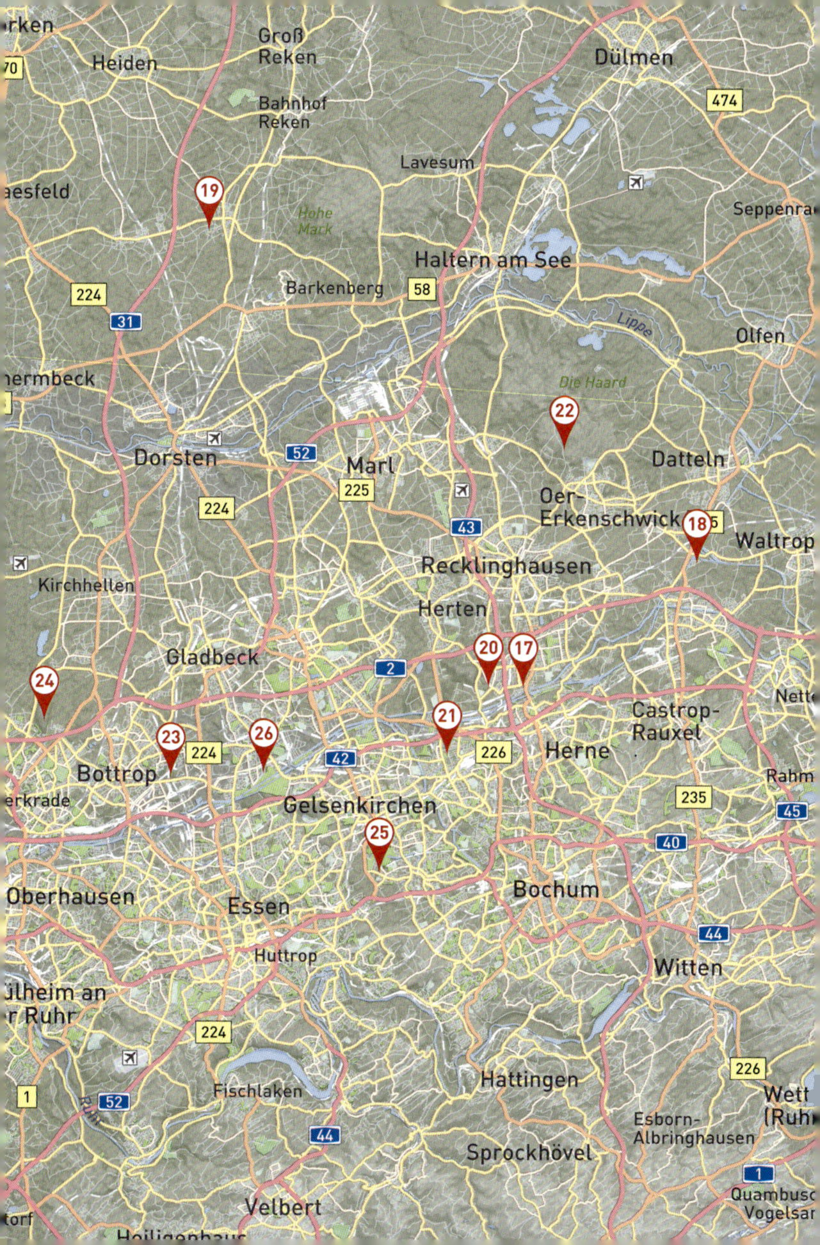

Groß Reken
Heiden
Dülmen
474
Bahnhof Reken
Lavesum
Seppenrade
Hohe Mark
19
Haltern am See
224
Barkenberg
58
31
Lippe
Olfen
Die Haard
22
Dorsten
52
Marl
225
Datteln
224
Oer-Erkenschwick
18
43
Waltrop
Recklinghausen
Kirchhellen
Herten
20
17
Gladbeck
2
24
21
Castrop-Rauxel
23
26
224
42
226
Herne
Bottrop
Gelsenkirchen
235
45
25
40
Oberhausen
Essen
Bochum
44
Huttrop
Witten
224
226
Hattingen
1
52
Ruhr
Fischlaken
44
Esborn-Albringhausen
Sprockhövel
1
Velbert

17 Umspannwerk Recklinghausen

MUSEUM ZU STROM UND LEBEN

Ein Leben ohne elektrischen Strom ist heute kaum noch vorstellbar. Wie Strom den Alltag der Menschen im Ruhrgebiet eroberte und beeinflusste wird im Umspannwerk Recklinghausen deutlich und spürbar.

Wissenschaft zum Anfassen: Plasmakugel im Umspannwerk

„Wat is dat denn?", fragen bestimmt nicht nur kleine Besucherinnen und Besucher des interaktiven Museums. Dort funkelt, blitzt, leuchtet und knistert es. Dadurch wird die Kultur-, Sozial- und Technikgeschichte von Strom, Elektrifizierung und den damit verbundenen gesellschaftlichen Errungenschaften besonders anschaulich. Zu Beginn führen spannende Experimente die Besucherinnen und Besucher an das Thema Strom und Stromerzeugung heran. Da stehen schon mal die Haare zu Berge – und zwar im wahrsten Sinne des Wortes. Nebenan vibrieren die Hände unter der größten Plasmakugel Europas. Etwas weiter knallen Peitschenhiebe – aber keine Sorge: Indiana Jones ist nicht in der Nähe, sondern vielmehr kleine Blitze, die sich zwischen zwei Stahlkugeln bilden.

Ausreichend elektrisiert geht es weiter in die Fahrzeughalle. Dort stehen mehr oder weniger futuristisch aussehende Vierräder, die alle schon etwas älter sind. Denn E-Autos gibt es nicht erst seit einigen Jahren. Das weltweit erste Elektroauto wurde bereits 1881 auf einer internationalen Elektrizitätsausstellung in Paris vorgestellt. Besonders eindrucksvoll: der Gegensatz zwischen Strom im Alltag heute und vor rund 100 Jahren. Wie der Besuch eines Friseursalons in den 1930er-Jahre ablief, wird im ausgestellten Salon deutlich.

In der App führen Herr Meier und Frau Müller durch das Museum.

Und vor der Haustür fuhren damals Straßenbahnen der Modelle durch das Ruhrgebiet, wie ein Exemplar im Umspannwerk ausgestellt ist. Konkret: Ein Waggon aus dem Jahr 1916, der sogar betretbar ist. Museumstechnisch beginnt dort, auf den harten Holzbänken, der Tag von Frau Müller und Herrn Meier. Die Besucherinnen und Besucher können sie mithilfe einer interaktiven Browser-App auf dem Handy begleiten: Frau Müller macht einen entspannten Einkaufsbummel durch die Stadt und trifft den Elektromeister Meier. So kreuzen sich die Museumsgeschichten und verdeutlichen mit kleinen Texten auf dem Handy, welche Rolle Strom im Alltag gespielt hat. Und zwar im Gesundheitsbereich, auf der Arbeit und im Freizeitbereich. Während des gesamten

Rundgangs gibt es QR-Codes, die mit dem Smartphone gescannt werden können. Dabei gilt immer wieder: nicht nur gucken, sondern auch anfassen, aufmachen und ausprobieren!

Das ganze Museum versucht dabei nah an der Wirklichkeit zu sein – und das ist es auch ganz real heute noch. Denn es gibt noch einen aktiven Teil der Umspannanlage. Der Rundgang führt sogar direkt an der automatisierten Leitwarte entlang. Dort wird Strom schon seit 1927 umgespannt. Damals entwarf das „Baubureau der Vereinigten Elektrizitätswerke Westfalen" (VEW, heute RWE) das Umspannwerk Recklinghausen Süd, unter der Leitung von Baumeister Carl Lill. Doch Ende der 1980er-Jahre entsprach die Anlage nicht mehr dem technischen Standard. Zum Glück für alle Besucherinnen und Besucher entschied sich die VEW gegen den Abriss und restaurierte den historischen Gebäudekomplex. Heute ist das Umspannwerk eine sehenswerte Mischung aus Baudenkmal, Ort der Technik, Museum und moderner Betriebsstätte. Das Umspannwerk versorgt noch immer Teile Recklinghausens mit Strom für Handys, Küchenzeilen und Straßenlaternen.

Info

Lage: Das Umspannwerk Recklinghausen liegt in der Stadt Recklinghausen und im gleichnamigen Kreis, im Norden des mittleren Ruhrgebiet; Uferstraße 2-4, 45663 Recklinghausen

Website: *umspannwerk-recklinghausen.de*

HINWEISE:

- Für Kinder gibt es eine Museumsrallye mit 17 Aufgaben, die es gemeinsam zu lösen gilt. Die Rallyebögen erhalten sie kostenfrei am Museumscounter.
- Führungen: ca. zwei Sonderführungen pro Monat, aktuelle Termine auf der Internetseite; außerdem Führungen für Gruppen ab zehn Personen und Kinderführungen; bei Interesse ist eine Anmeldung circa drei Wochen vorher notwendig.

18 Waltrop

DAS ALTE SCHIFFSHEBEWERK HENRICHENBURG

Lastenschiffe, die durch die Luft schweben? Das passierte im Waltroper Schiffshebewerk Henrichenburg für Jahrzehnte. Mittlerweile ist der imposante Bau nur noch ein Museum. Hier geht es um Schiffe und ihre Funktion als Transportmittel.

Stolz prangt der preußische Adler mit Krone, Zepter und Reichsapfel über der Einfahrt in die Hebeanlage. Er wird eingerahmt von zwei steinernen Türmen. Sie erinnern im ersten Moment an schmale Kirchtürme mit Zwiebeldach. Bis 1969 fuhren in dieses Tor die Schiffe, um hoch oder herrunter gehoben zu werden. 14 Meter Unterschied überbrückte das Hebewerk somit und hob Frachtschiffe mit einem Gewicht von bis zu 800 Tonnen.

Dadurch war das Hebewerk Henrichenburg bei seiner Eröffnung 1899 ein Schlüsselbauwerk, ein Meilenstein. Ein imposanter Bau, der die Montanregion Ruhrgebiet noch besser an das Kanalnetz des Dortmund-Ems-Kanals anband. Das würdigte auch Kaiser Wilhelm II., der 1899 persönlich das Bauwerk einweihte. Es hatte eine politische Dimension: Das Hebewerk stand symbolisch für die Vernetzung mit Kanälen, wogegen es zur damaligen Zeit Widerstand gab.

Das Schiffshebewerk von oben

Daran erinnern Schautafeln und Fotos im Museum. Dieses ist unter anderem im alten Motorgüter-Schiff Franz-Christian untergebracht. Für Kinder eindrucksvoll: Es ist komplett begehbar. Die Museumsbesucher sind unter Deck, wo sie über Holzplanken gehen und in düsterer Atmosphäre die Schautafeln und Exponate sehen können. Für sie wird dadurch erlebbar, wie Familien in den 1950er- und 1960er-Jahren auf derartigen Schiffen lebten – in winzigen Kajüten unter Deck, wo zugleich gekocht, gegessen und geschlafen wurde. Denn der Hauptteil des leeren Bauches wurde für den Transport genutzt, etwa von Kohlen.

Das Museum bildet sich aus dem Gesamtkomplex von Gebäuden, Schiffen und Ausstellungen – und wird noch immer regelmäßig erweitert. So wurde zum Beispiel erst wenige Jahre nach Eröffnung der Kanal zum Hebewerk wieder geflutet. Auch wurde erst später ein dampfbetriebener Lastenkran an den Rand montiert. Im Sommer 2021 wurde die neue Dauerausstellung eröffnet.

Im Maschinenraum des Hebewerkes bewegen sich die Kolben der großen Motoren noch auf und ab und geben einen Eindruck der großen Mechanik und schieren Kraft, die sie einst entfalteten. Obwohl es dort für Klein und Groß laufende Maschinen zu bewundern gibt, ist das Schiffshebewerk Henrichenburg schon seit den 1970er-Jahren nicht mehr funktionsfähig. Damals sollte das heutige Industriemuseum nach der Stilllegung abgerissen werden. Das verhinderte eine Bürgerinitiative, die die Pläne der zuständigen Behörden durchkreuzte. Zum Glück!

Nach all der in diesem Museum alles anderen als grauen Theorie gibt es trotzdem noch für die Museumsbesucher ein bisschen

Das Schiffshebewerk Henrichenburg

echte Frachtschifffahrt zu erleben – live und in Aktion. Wenige Gehminuten entfernt liegen die weiteren Attraktionen des sogenannten Schleusenparks Waltrop. Der Dortmund-Ems-Kanal muss an dieser Stelle noch immer einen Höhenunterschied überwinden. Dafür wurde zunächst ein weiteres Schiffshebewerk, das „neue", genutzt. Dieses ist allerdings seit Anfang der 2000er-Jahre aufgrund von technischen Problemen außer Betrieb. Dafür ist direkt nebenan die große Schleuse in Betrieb. Anders als bei den beiden Hebewerken funktioniert diese nicht wie ein Aufzug, sondern arbeitet über den Ausgleich der Wasserstände. Insbesondere für Familien ist das trotzdem ein Spektakel. Dank noch immer guter Auslastung im Kanal, ist in der Regel auch kein langes Warten nötig.

Info

Lage: Das Schiffshebewerk Henrichenburg liegt in der Stadt Waltrop, die zum Kreis Recklinghausen gehört und im Norden des mittleren Ruhrgebiets liegt;
Am Hebewerk 26, 45731 Waltrop

Einkehren: Es gibt auf dem Gelände einen Imbissbus sowie im Sommer ein von der Diakonie betriebenes Café.

Website: *schiffshebewerk-henrichenburg.lwl.org*

HINWEISE:

- Das „Alte Schiffshebewerk Henrichenburg" wird vom Landschaftsverband Westfalen-Lippe betreut. Neben dem Museum gibt es wechselnde Ausstellungen und Kulturveranstaltungen. Das Hebewerk ist gut mit dem Pkw, dem ÖPNV und mit dem Fahrrad zu erreichen. Der Schleusenpark ist über den Radweg entlang des Dortmund-Ems-Kanals angebunden.
- Weitere Tipps für die Umgebung: Das Freizeitschiff Henrichenburg nimmt Fahrgäste direkt am Schiffshebewerk auf. Besucher können dort ein- oder zweistündige Touren über den Dortmund-Ems-Kanal buchen; *fgs-henrichenburg.de*

19 Tour de Buur Dorsten

LANDWIRTSCHAFT AM RANDE DES RUHRGEBIETS

Entlang von Wiesen, Feldern und Weiden – und das für fünf Stunden mit dem Fahrrad. Bei der „Tour de Buur" kommen „Städter" der Landwirtschaft näher. Es dreht sich alles um das Leben und die Arbeit von konventionellen Landwirten.

Rund 100 Kühe stehen in einem Stall, beobachten aufmerksam die kleine Gruppe von Radfahrern und Radfahrerinnen. Die sind gerade abgestiegen und beäugen ebenso vorsichtig die Wiederkäuer. Der Agrarguide erklärt gerade, dass die Kühe von einem Melkautomaten gemolken werden, zweimal am Tag. Damit die Tiere eigenständig in den Milchroboter gehen, bekommen sie dort ein Lockfutter. Moderne Maschinen und Roboter haben die Landwirtschaft in den vergangenen Jahrzehnten verändert – auch auf den kleineren und mittleren Betrieben, dort am Rande des Ruhrgebiets.

Dennoch ist der Alltag zwischen Dörfern, Weiden und Feldern ein anderer als der der meisten anderen Menschen im Ruhrgebiet. Deshalb ist die Tour de Buur, auf Hochdeutsch „die Bauerntour", ein Ausflug mit besonderen Eindrücken. Die Radtour beginnt in Dorsten, am Raiffeisenmarkt – einer Art Treffpunkt im Alltag der Landwirte. Gleich vorweg: Wenn die Gegend zum Ruhrgebiet gezählt wird, schauen die Einheimischen schon mal schräg – aber zumindest formal hat das alles seine Richtigkeit. Landwirtschaftlich und menschlich fühlt es sich ehrlicherweise zwischen den Wäldern der Hohe Mark dann aber doch schon etwas nach Münsterland an.

Auf dem Fahrrad entlang der Felder

Mit kleinen Kopfhörern schwingen sich die Teilnehmerinnen und Teilnehmer auf die Sättel. Die Agrarguides erzählen unterwegs von den Bodenqualitäten und der Aussaat. Jede Tour ist – abhängig vom Guide und den besuchten Betrieben – etwas anders. Und es gibt viele verschiedene Themenschwerpunkte. Wir begleiten die Tour „Alles Käse", bei der es um die Milchviehwirtschaft geht. Wir treffen die Bauern von zwei Höfen, die wir besuchen. Sie erzählen von der Kalbaufzucht, den Herausforderungen des niedrigen Milchpreises und der Schwierigkeit, Nachwuchs für den Betrieb zu finden. Das Streicheln von Kühen, Schweinen und Ziegen ist an diesem Nachmittag inklusive. Bei der Tour „Von der Blüte bis zum Apfel" geht es um das Leben der Bienen, die die Obstbäume bestäuben und Honig produzieren. Je nach Jahreszeit können die Besucherinnen und Besucher dann sogar hautnah beim Honigschleudern zuschauen. Das Thema „Alles Wurst" führt in einen Schweinestall und zum Metzger.

Der Agrar-Guide erklärt die Milchviehhaltung.

Die rund 25 bis 30 Kilometer langen Radtouren sind für Kinder ab sechs Jahren gut zu bewältigen, da es in dieser Gegend sehr flach ist. Außerdem stoppt die Gruppe immer wieder – teils kurz, teils länger. Unterwegs gibt es Verpflegung: Mal eine Scheibe Käse vom Käseautomaten, mal ein frisch gebackenes Stück Kuchen. Bei einem anderen Stopp wiederum holen die Agrarguides aus ihren Satteltaschen ein Bier oder einen ganz eigenwilligen, nur hier erhältlichen Schnaps. Der Nachmittag endet dann, wenn er endet – so genau ist das nicht vorhersehbar. Die Tourlängen hängen maßgeblich davon ab, wie viele Fragen die Gäste haben. Gründe zum Fragen gibt es genug – wann kann man schon ein zwei Tage altes Schweineferkel auf dem Arm halten oder einen Bauern sprechen, der bald wieder die Petersilie für die Tiefkühltruhen der großen Supermärkte im Land erntet? Und Fragen sind hier in Dorsten mehr als willkommen. Die örtlichen Landwirte wollen den Menschen aus den städtischen Regionen ein Gefühl und einen Eindruck vom Arbeiten und Leben auf den Höfen geben. Daher sind ganz explizit auch kritische Fragen erwünscht – auch, um Vorurteile abzubauen, heißt es von den Landwirten.

Info

Lage: Die Touren de Buur starten in Dorsten, einer Stadt im Kreis Recklinghausen im Norden des mittleren Ruhrgebiets; Tourstarts: Raiffeisenmarkt Hohe Mark, Am Sägewerk 77, 46286 Dorsten

Website: *tour-de-buur.de*

HINWEISE:

- Die Landwirte bieten Touren zu insgesamt zehn Themenkomplexen an. Jede Tour fährt verschiedene Höfe in der Gegend ab, in der Regel zwei oder drei pro Ausflug.
- Die Touren finden im Sommer etwa zweiwöchentlich am Samstag statt. Die Touren sind beliebt und teils früh ausgebucht. Eine Reservierung ist daher zwingend nötig. Auf Anfrage organisieren die Landwirte aber auch Privattouren für kleine Gruppen.
- Unterwegs sind die Radfahrerinnen und Radfahrer per Audio-Funkstrecke verbunden. Über Kopfhörer können daher beim Fahren die Live-Erklärungen der Agrarguides gehört werden.
- Bei Redaktionsschluss mussten die Gäste eigene Fahrräder mitbringen. Womöglich soll es bald wieder eine Mietmöglichkeit geben.

20 Besucherbergwerk Recklinghausen

BAGGERN UND SCHLEPPEN WIE UNTER TAGE

Andreas Schleep dreht an einem Schalter. Eine laute Sirene schallt durch die Gänge, entlang der Wände. Es kracht, alles fängt an zu vibrieren. Wieder ertönt der schrille Warnton und ein großer Stahlhobel setzt sich langsam im Bewegung. Wir sitzen direkt vor einem Kohlehobel, geschützt durch Helme und weiße Baumwollmäntel. Detlef Diekötter, der zweite Führer, erklärt uns, wie zuletzt im Ruhrgebiet unter Tage die Kohle abgebaut wurde. Er hat selbst Jahrzehnte als Hauer gearbeitet, vor allem auf der Zeche Westerholt in Herten. Hauer sind die Kumpel, die für den eigentlichen Abbau zuständig sind. Auch Andreas Schleep ist bis vor einigen Jahren täglich eingefahren. Diese Zeiten sind im Ruhrgebiet vorbei. Wer noch nicht in einer echten Zeche war, kommt heute kaum noch unter Tage. Im Trainingsbergwerk Recklinghausen sieht es aber zumindest genauso aus. Und die Maschinen sind echt.

Über den Bergbau lässt sich im Ruhrgebiet an vielen Stellen etwas erfahren. Im Trainingsbergwerk Recklinghausen lernen Besucherinnen und Besucher aber, wie andere gelernt haben – selbst anpacken und erleben gehört dort dazu.

Das Gangsystem ist rund 1200 Meter lang. Überall stehen Geräte und Maschinen herum.

Immer wieder halten die beiden Führer an und erklären etwas. Sie zeigen uns zum Beispiel, wie sie die schweren Stahl und Holzstempel, Stützen für die Gänge, getragen haben, wenn sie das Bergwerk vorangetrieben haben. Wir laufen weiter, entlang der Schienen einer Grubenbahn. Bevor mit Prosper-Haniel die letzte Zeche in der Metropole Ruhr Schicht hatte, wurden in Recklinghausen die künftigen Bergleute ausgebildet. Heute trainieren hier Feuer- und Grubenwehren für den Ernstfall, Besucherinnen und Besucher bekommen einen Eindruck, wie es unter Tage ablief.

Einblicke in die Arbeitswelt unter Tage

Anders als in vielen ehemaligen Zechenmuseen spielt hier weniger die Historie eine Rolle. Die rund dreistündige Aktivtour lebt von den Anekdoten, die Andreas und Detlef erzählen, und vom Ausprobieren. Wir kommen zu einer Art länglichem Bagger, der mit Druckluft betrieben wird. Unter Tage wurden damit Geröll und Kohle bewegt oder auf das Förderband geschafft. Nacheinander dürfen wir uns auf den Bagger setzen und losen Schutt aufnehmen. Wie alle Maschinen funktioniert auch dieses Gerät noch.

Wir kommen zu einem Schacht. Der ist zwar nur rund 20 Meter lang, trotzdem gibt es auch hier die Signalanlage zum Kommunizieren mit den Fördermaschinisten oben. Drei Mal kurz klingeln zum Beispiel heißt hochfahren. Das geht hier leider nicht. Allerdings wollen wir auch gar nicht hoch. Nach einigen Metern kämen wir am oberen Ende der kleinen Halde an, in der das Trainingsbergwerk liegt. Wir sind dort also zwar unterhalb der Erdoberfläche, aber von der Seite ebenerdig begehbar.

Der Kohlehobel rattert laut an der Wand entlang.

Also lieber schnell weiter zur Dieselkatze. So nennen die Kumpels die mit Diesel betriebenen und von der Decke hängenden Bahnen, mit denen im Schacht Material und teils Personal transportiert wurden, wenn es keine Eisenbahnen gab. Auch die Katze funktioniert und wir dürfen sie sogar selbst fahren – allerdings nur einige Meter vor und wieder zurück. Für mehr reicht der Platz im Trainingsbergwerk dann doch nicht. Das ist aber gar nicht schlimm, denn nach über drei Stunden haben wir so viel gesehen, gelernt und ausprobiert, dass wir froh sind, nicht noch kilometerweit zurück zum Ausgang fahren und laufen zu müssen.

Gänge wie einst unter Tage

Info

Lage: Das Trainingsbergwerk liegt in Recklinghausen im gleichnamigen Kreis, der im Norden des mittleren Ruhrgebiets liegt; Wanner Straße 30, 45661 Recklinghausen

Website: *trainingsbergwerk.de*

HINWEISE:

- Im Trainingsbergwerk finden fast täglich verschiedene Führungen statt. Wir empfehlen die „Aktivführung", bei der die Besucher und Besucherinnen die Maschinen selbst ausprobieren dürfen. Bei der Schnupperführung bekommen sie einen ersten Eindruck von der Arbeit und den Maschinen unter Tage. Selbst Ausprobieren ist aber nicht möglich. Bei der Erlebnisführung steht das Erleben eines dunklen Raumes im Vordergrund. Im Licht der Kopflampe können die Besucher und Besucherinnen etwa durch eine Röhre krabbeln. Es gibt weitere Angebote, wie eine fünfstündige Grubenwehrübung – auch für Nicht-Feuerwehrleute möglich.
- Die Gästeführer sind ehemalige Bergleute oder stehen dem Bergbau zumindest sehr nahe. Sie leiten die Gruppen ehrenamtlich. Mit den Eintrittspreisen muss der Trägerverein die laufenden Kosten, vor allem für Energie und Instandhaltung, finanzieren.

21 Mondpalast Herne

DAS RUHRGEBIET LACHT ÜBER DAS RUHRGEBIET

Die Schauspielerinnen und Schauspieler im Mondpalast führen mehrfach die Woche wechselnde Komödien auf. Dabei nehmen die Stücke Eigenarten, Sprache und Vorurteile über die Menschen im Ruhrgebiet aufs Korn.

Im Mondpalast erlebt man das Ruhrgebiet zum Lachen. Und trotzdem ist ein Besuch auch für Auswärtige ein echter Tipp. Das kleine Theaterhaus in Wanne-Eickel fühlt sich direkt heimelig an. Zuschauerinnen und Zuschauer sind hier „Gäste", der Leiter des Hauses wird „Prinzipal" genannt. Und die Gäste haben eine gute Chance von diesem Prinzipal am Eingang begrüßt zu werden: Christian Stratmann, der den Mondpalast 2004 eröffnet hat und sich seitdem die Begrüßung so selten wie möglich entgehen lässt.

Die insgesamt zehn Schauspielerinnen und Schauspieler führen mehrfach in der Woche Komödien aus und über das Ruhrgebiet auf. Sie werden ausschließlich dort, im 500 Gäste fassenden Saal in Wanne-Eickel, präsentiert. Manche Stücke laufen schon seit der Eröffnung, zum Beispiel die „Flurwoche". In dem Stück

Bei der „Flurwoche" im Mondpalast geht es authentisch zu.

geht es um eine Mietskaserne in Wanne-Eickel. Die einst selbstständige Stadt gehört seit 1975 zu Herne – auch wenn das die Menschen hier nicht so ganz wahrhaben wollen. Doch auch das ist im Ruhrgebiet keine Seltenheit. Genauso wie der Handlungsort, das besagte Mietshaus. Dort lebt ein Querschnitt typischer Menschen aus dem Pott, zumindest dem Klischee nach. So richtig verstehen sich die Nachbarn nicht, alle haben was zu lästern oder meckern – oft auch verbunden mit Vorurteilen gegenüber den multikulturellen Hintergründen.

Dass die Gründe dafür nur dem ersten Anschein nach bestehen und sich die Nachbarn auch nach Jahren des Nebeneinanderwohnens eigentlich kaum kennen, wird während der Aufführung schnell deutlich. Das Stück motiviert auf diese Weise, sich von Vorurteilen zu lösen. Das fällt den Zuschauerinnen und Zusch ... –

Der Zuschauerraum des Mondpalasts

pardon: den Gästen – womöglich gar nicht so leicht. Zumindest als Bürgerin und Bürger des Ruhrgebiets kennen wir zu fast jedem Charakter eine vergleichbare reale Person. Dabei versteht es das Stück, die Eigenarten der Region und ihrer Menschen so angenehm und dezent zu überzeichnen, dass sie amüsant, nicht beleidigend und trotzdem nicht absurd überzogen sind. Eine Portion schwarzer Humor kann aber für einen schönen Abend nicht schaden.

Dem Mietshaus in „Wanne" droht ein unschöner Strukturwandel. Ein Investor möchte es kaufen, die Mietergemeinschaft müsste dann ausziehen. Das wollen die Anwohnerinnen und Anwohner im Stück verhindern und schmieden einen Plan. Ob der aufgeht? Trotz der an sich tragischen Geschichte gibt es zahlreiche Gelegenheiten, um herzlich zu lachen.

Und das ist typisch für die Stücke im Mondpalast. Ein Klassiker ist etwa auch „Ronaldo und Julia". Die, laut Mondpalast, erfolgreichste Fußball-Komödie Deutschlands. In der es nicht nur um Liebe und Fußball geht – sondern ganz besonders auch um die besondere Fankultur in der Region und die teils weit auseinandergehenden Vorlieben und Geschmäcker, welcher der vielen Ruhrgebietsvereine nun der einzig wahre sei. Dabei steht im Mittelpunkt natürlich der größte Widerspruch: der Dortmunder BVB oder der Gelsenkirchener Schalke 04? Und lässt sich beides irgendwie verbinden? Viele Fans würden das wohl klar und deutlich verneinen.

Info

Lage: Der Mondpalast von Wanne-Eickel liegt in Herne im Süden des mittleren Ruhrgebiets; Wilhelmstraße 26, 44649 Herne

Website: *mondpalast.com*

HINWEISE:

- In der Regel gibt es wöchentlich drei Spieltermine: Freitags, Samstags und Sonntags – manchmal auch an einem Donnerstagabend.
- Der Prinzipial Christian Stratmann ist Theaterleiter, der sich gesellschaftlich engagiert. Er ist der jüngste Bruder des mittlerweile verstorbenen Kabarettisten Ludger Stratmann. Neben dem Mondpalast leitet er das Transvestie-Theater „RevuePalast", das bunte Shows auf dem Gelände der ehemaligen Zeche Ewald bietet, *revuepalast-ruhr.com*

22 Haard in Haltern

WANDERN UND RADFAHREN DURCH DICHTEN WALD

Kilometerlange Wanderwege durch Wald, entlang von Weiden und dem Kanal. Das bietet die Haard, ein großes Waldgebiet im Norden des Ruhrgebiets. Dorthin empfehlen wir einen Abstecher – mit Zeit zum Waldbaden.

Die Wanderwege verlaufen kreuz und quer durch dichten Wald und über Sandsteinhügel. Die sind typisch für das 55 Quadratkilometer große Waldgebiet am Nordrand des Kreises Recklinghausen. An den Parkplätzen treffen sich am Wochenende Menschen aus mindestens der halben Region. Einmal unterwegs, verlaufen sich die Naturliebhaber aber schnell – nicht im Sinne der Orientierungslosigkeit, sondern des Andrangs. Zwischen teils wild anmutenden Sträuchern, Bäumen und Steinformationen ist man jedoch selten ganz allein. Denn die Haard bietet für Menschen mit gut geschnürten Wanderschuhen, mit Mountainbikes, Joggingschuhen oder auf dem Tourenfahrrad ausreichend Betätigungsmöglichkeiten.

Die Haard ist Teil des Naturparks Hohe Mark, einem fast 2000 Quadratkilometer großen Gebiet. Das erstreckt sich vom westlichen Münsterland über das nördliche Ruhrgebiet bis zum Niederrhein und verbindet viele verschiedene Landschaftsformen. In der Haard herrscht der dichte Baumbestand vor.

Für Kinder gibt es am nördlichen Rand den kleinen Waldspielplatz „Flaesheim“. Die Kleinen belagern Rutsche, Klettergerüst und kleine Holztiere, bevor es mit den Eltern zum Spazieren

Haard soweit das Auge reicht

geht. Anfang Mai wartet dann nur einige hundert Meter weiter die nächste Attraktion: ein traditionelles Handwerk, das auch für die Erwachsenen etwas Besonderes sein dürfte. Zum 1. Mai wird an der Köhlerhütte ein Meiler entzündet. Der passende Trinkspruch „Gut Brand" gehört dazu. Dann steckt der Köhler den großen Holzstapel an, den er zuvor über einige Wochen hinweg aufgeschichtet hat. Rund zwei Wochen lang kokelt das Holz dann vor sich hin. Es entsteht Holzkohle von bester Brennqualität, die in der zweiten Maihälfte an Ort und Stelle verkauft wird.

Wanderweg durch die Haard

Bei gutem Wetter sollten Besucherinnen und Besucher sich nicht die Feuerwachtürme entgehen lassen. Der Haltener Feuerturm ist gerade einmal 1,3 Kilometer von der Köhlerhütte entfernt und liegt am Rennberg. Es geht hoch, knapp 150 Stufen auf den öffentlichen Turm – zu einer Aussicht über grüne Baumwipfel und darüber hinaus. Der andere Feuerwachturm liegt im Südosten der Haard in der Nähe des Farnbergs. Das Edelstahlgerüst ist 38 Meter hoch, die Aussichtsplattform liegt bei 36 Meter Höhe.

Holzschnitzereien am Haard-Grenzweg

Als leichte bis mittelschwere Halbtages-Touren empfehlen wir eine der LandStreifer-Routen, diese hier beginnt im Süden der Haard. Der gut ausgeschilderte Weg „Haard an der Grenze" ist knapp zwölf Kilometer lang, einladende Holzbänke und einige Holzschnitzereien säumen den Wegesrand. Die Route bietet Einblicke in den

Wald und Aussichten über Felder. Vom Startpunkt aus, dem Wanderparkplatz „Mutter Wehner", ist es nicht weit zum Feuerwachturm Rennberg. Die Route führt dort aber nicht entlang. Kein Problem: Alle Routen sind hervorragend ausgeschildert. Das Handy mit der Online-Karte kann also im Rucksack bleiben.

Und noch mehr Haard-Gefühl gibt es beim Hohe Mark Steig. Die 150 Kilometer lange Mehrtagestour wurde im Frühjahr 2021 eröffnet. Die sechs Etappen sind zwischen 19 und 27 Kilometer lang und führen die Wanderinnen und Wanderer von Olfen bis nach Wesel.

Info

Lage: Die Haard befindet sich zwischen Haltern am See und Oer-Erkenschwick, was beides zum Kreis Recklinghausen im Norden des mittleren Ruhrgebiets gehört.
Wanderparkplatz LandStreifer:
Haardstraße 196/198, 45739 Oer-Erkenschwick

HINWEISE:

- Der LandStreifer-Weg „Haard an der Grenze" beginnt am Wanderparkplatz bei „Mutter Wehner". Dort ist auch das gleichnamige Restaurant, das bei Ausflüglern und Einheimischen sehr beliebt ist; *mutter-wehner.de*
- Weitere LandStreifer-Routen befinden sich jeweils am nördlichen Rand des Ruhrgebiets oder kurz dahinter – zwar noch im Naturpark Hohe Mark, aber nicht mehr in der Haard; *hohe-mark-steig.de/landstreifer*
- Hohe Mark Steig: *hohe-mark-steig.de*
- Der Waldspielplatz Flaesheim ist nur wenige Meter vom Wanderparkplatz Flaesheim entfernt; Zum Dachsberg, 45721 Haltern am See
- Der Ponyhof Mutter Wehner bietet geführte Ponytouren für Kinder an; *facebook.com/PonyhofMW*
- Ganz in der Nähe der Haard liegen auch die Westruper Heide und der Silbersee bei Haltern, ein beliebter Baggersee zum Schwimmen.

23 Skifahren, wo es nur Hügel gibt

ALPINCENTER BOTTROP

Skifahren geht im Nordwesten Deutschlands nur im Sauerland? Falsch. Auch in der Metropole Ruhr gibt es zwei Pisten.

Die Kanten fräsen sich in den harschen Schnee. Aus der Kurve nehme ich den Schwung mit und setze gleich zur nächsten an. Das geht im Bottroper Alpincenter hervorragend. Auf dem Kunstschnee der Skihalle ist in der Regel ganzjährig Wintersport möglich. Eine nette Abwechslung – für Wintersportlerinnen und Wintersportler, denen der Sommer zu lang ist oder für blutige Anfängerinnen und Anfänger, die mal auf den Brettern stehen wollen, bevor sie den Alpenurlaub buchen.

Die Piste in der Skihalle ist 640 Meter lang und damit länger als manche Piste im nahen Sauerland. Der Schnee kommt aus großen Schneekanonen, ist daher aber auch tendenziell eisig. Weil in der Halle minus vier Grad herrschen, bleibt der weiße Untergrund liegen. Warme Winterkleidung ist daher auch beim Bottroper Schneeabenteuer wichtig. Die Halle ist nicht einfach nur eine gerade Piste, sondern folgt dem Hangverlauf einer Halde. Dadurch hat die Piste sogar Kurven. Der Hang ist etwa 30 Meter breit.

Das Alpincenter folgt dem Abhang einer Halde.

Skifahren im Alpincenter Bottrop

Die Halle wurde 2001 eröffnet und war für viele Jahre die längste Skihalle der Welt. Sie bietet streckenweise 24 Prozent Gefälle. Einige Kilometer weiter, im rheinländischen Neuss, steht zwar noch eine Halle, die zwar etwas steiler ist, dafür aber nur knapp halb so lang. In Bottrop herrscht also Winterstimmung, auch im Frühjahr. Wie sinnig so ein Freizeitangebot in Zeiten des Klimawandels ist, dürfte sicherlich fragwürdig sein. Allerdings wollen die Betreiber mit einer der größten Photovoltaikanlagen NRWs zum Klimaschutz beitragen.

Für Anfängerinnen und Anfänger gibt es einen kleinen Hang mit Schleppseil. Die örtlichen Skilehrerinnen und Skilehrer erklären in Kursen oder Privatstunden, wie es sich einigermaßen sicher auf Skiern und Snowboards steht. Doch selbst für erfahrene Skisportlerinnen und Skisportler ist es in Bottrop in Sachen Standfestigkeit schnell vorbei. Nicht auf der Piste, sondern beim Liften. Denn vom Pistenende zum Anfang bringt die Skiläuferinnen und Skiläufer ein langes Förderband. Das kann auch mal etwas rutschig sein.

Und was fehlt sonst noch für einen guten Skitag? Eine Einkehrmöglichkeit. Pommes und Nudeln gibt es daher gleich nebenan. Der Versuch, Almatmosphäre zu schaffen, ist den Betreibern im Biergarten außerhalb der Halle zumindest bei gutem Wetter gut gelungen. Es gibt kühles Bier, erfrischendes Radler oder einen wärmenden Tee – mit Blick ins Ruhrgebiet.

Info

Lage: Die Skihalle ist in Bottrop, im Norden des mittleren Ruhrgebiets; Prosperstraße 299-301, 46238 Bottrop

Website: *alpincenter.com*

HINWEISE:

- Die Halle hat in der Regel ganzjährig geöffnet, teils gibt es aber auch eine längere Sommerpause. Das nötige Equipment kann direkt vor Ort gemietet werden, inklusive Skibekleidung.
- Einen reinen Skipass gibt es nur an manchen Tagen, sonst müssen Besucherinnen und Besucher Kombi-Tickets buchen, inklusive Essen und Getränken.
- Neben der Skihalle kann man am Alpincenter noch „Indoor Skydiving" betreiben. Ein Windkanal ahmt einen Fallschirmsprung nach, ohne echten Sprung.

24 Halde Haniel Bottrop

GANZ WEIT OBEN

Die Halde Haniel ist die höchste öffentlich zugängliche Halde im Ruhrgebiet. Ein toller Ort für einen sonnigen Nachmittag mit etwas Leckerem zu essen.

Die Erhebung liegt ziemlich genau auf der Stadtgrenze von Oberhausen und Bottrop – wobei der weilaus größere Teil der insgesamt rund 115 Hektar Grundfläche auf Bottroper Gebiet liegt. Von dort, rund 185 Meter über null, bietet sich ein toller Ausblick – auf die Grünflächen der Kirchheller Heide direkt nebenan und ins Ruhrgebiet auf der anderen Seite.

Wer den Blick nicht in die Ferne schweifen lassen will, kann auf Haniel vieles in unmittelbarer Nähe erkunden. Dort wäre einmal der einzige Halden-Kreuzweg in der Metropole Ruhr. An 15 Stationen wird in Form von Kupferstichen der Künstlerin Tisa von Schulenburg der Leidensweg Jesu Christi dargestellt. Ein Kreuzweg auf einer alten Abraumhalde? Passend sind die Stationen mit verschiedenen Gegenstände aus dem Bergbau verbunden. Station elf zeigt zum Beispiel, wie Jesus ans Kreuz genagelt wurde, und direkt daneben liegt ein Walzenkörper. Das Ende einer schweren Bergbaufrese ist mit scharfen Meißeln versehen. Die bohrten sich einst mit brachialer Kraft in die Kohle und frästen sie aus den Flözen. Kleine Tafeln erklären die einzelnen Bergbauwerkzeuge. Weshalb ausgerechnet das jeweilige Bergbauwerkzeug an einer Station steht, ist Interpretationssache.

Das Kunstwerk „Totem“

Der Höhepunkt des Kreuzwegs sind der Altar und das dazugehörige Kreuz. Das wurde 1992 auf der Halde aufgestellt – damals auf ihrem höchsten Punkt, bei 126 Metern. Da die Halde aber noch bis vor wenigen Jahren weiter aufgeschüttet wurde, geht es heute noch höher hinaus. Dennoch ist das Kreuz nicht irgendeines. Auszubildende der Zeche Prosper-Haniel zimmerten es aus Spurlatten für einen Besuch von Papst Johannes Paul II. im Jahr 1987.

Seitdem hat das Kreuz schon einiges erlebt. Nicht nur jährlich an Karfreitag eine entsprechende Prozession, sondern auch geschichtsträchtige Ereignisse. Etwa das Ende einer ganzen Epoche in der Metropole Ruhr. Am Fuß des Berges schloss 2018 mit der Zeche Prosper-Haniel das letzte Bergwerk des Ruhrgebiets. Begleitet von unzähligen Medienvertreterinnen und -vertretern sowie aus der Politik brachten die Kumpel die allerletzten Kohlen nach oben. Schicht im Schacht, nach Jahrzehnten der Kohleförderung. Das allerletzte Stück Kohle, von 1,8 Millionen Tonnen allein im letzten Förderjahr, bekam Bundespräsident Frank-Walter Steinmeier überreicht. Die beiden Schächte Prosper I und II wurden bis Ende 2021 mit Beton verfüllt – 1000 Meter tief, etwa 17 Meter pro Tag.

Zurück auf die Halde: Mit dem Ende des Bergbaus wurde sie von der Ruhrkohle AG an den Regionalverband Ruhr übergeben. Dazu gehört auch die Bergarena. Ein Rundtheater, in dem bis zu

Die Halde Haniel in der Dämmerung

800 Menschen Platz finden können – und dort oben sogar schon Opern sahen. Den Windschutz für die Arena bietet eine kleine Kuppe, der Haldenkamm. Er ist der höchste begehbare Haldenort im Ruhrgebiet. Alte Eisenbahntrassen markieren den Ort, teils bunt lackiert. Es sind 100 Totempfähle. Sie sind ein weiteres imposantes Haldenkunstwerk, geschaffen vom Künstler Augustín Ibarrola.

Die Halde ist so weitläufig, dass es lohnt hier oben einen halben Tag zu verbringen. Haniel ist nichts für „mal eben so". Der Aufstieg ist für viele doch etwas fordernd. Wir raten daher: zu Hause einige Brote schmieren, Äpfel schneiden und etwas Leckeres zu trinken einpacken. Und dann mit der Picknickdecke unter dem Arm auf die Halde Haniel. Dort gibt es garantiert mehr als ein schönes Fleckchen, um Aussicht und Proviant zu genießen. Und für die Kinder ist es ein guter Ort, um zwischendurch einen Winddrachen steigen zu lassen.

Info

Lage: Halde Haniel liegt im Wesentlichen in Bottrop, im Norden des mittleren Ruhrgebiets, Parkplatz: Birkhahnstraße 29-27, 46145 Oberhausen

Websites:

- *ruhrgebiet-industriekultur.de/halde-haniel*
- Infos zum Kreuzweg und seinen 15 Stationen: *kreuzweghaniel.de*

HINWEISE:

- Es gibt zwei Parkplätze in unmittelbarer Nähe zur Halde, von dort sind es etwa 120 Höhenmeter Unterschied bis zum Haldenkamm.
- Ganz in der Nähe der Halde können wir eine schöne, etwa zwölf Kilometer lange und eher gemütliche Wanderung durch die Kirchheller Heide empfehlen; *komoot.de/tour/847529717?ref=wtd*

25 Halde Rheinelbe Gelsenkirchen

DURCH WILDEN WALD, DEM HIMMEL ENTGEGEN

An der Stadtgrenze von Gelsenkirchen und Bochum hat sich ein dichter Naturwald gebildet. Er säumt den Hang von Halde Rheinelbe mit ihrer entrückenden Himmelstreppe.

Tonnenschwere Betonquader stapeln sich senkrecht, quer und längs aufeinander. Insgesamt 35 Meter unterschiedlicher Größe. Einst waren sie Teil von Industrieanlagen, heute bilden sie die charakteristische Himmelstreppe in Gelsenkirchen. Auf dem höchsten Punkt der Halde Rheinelbe hat der Recklinghäuser Künstler Herman Prigann sie etwa rund zehn Meter hoch getürmt.

Eine schmale Treppe führt auf die letzten Höhenmeter der kegelförmigen Haldenspitze, die einen rund 20 Meter hohen Spiralberg abschließt. Oben haben Jugendliche Graffiti auf die Quader der Himmelstreppe gesprüht. Die passen zur merkwürdig rustikalen Anmutung des Ensembles. Das Kunstwerk erinnert ein wenig an eine alte Inkapyramide. Der Blick reicht von dort oben weit – in die Bochumer Innenstadt, zur Zeche Zollverein und zur Schalke-Arena: Es ist eine der höchsten Erhebungen in der Umgebung.

Die Himmelstreppe bei Sonnenschein

Der Industriewald am Haldenfuß

Das Betongrau oben steht im Gegensatz zum Wald am unteren Ende der Halde, die insgesamt 106 Meter hoch ist. Es ist ein Industriewald. Die Idee hinter dem Projekt: Die Natur erobert sich brachliegende Flächen in kurzer Zeit von allein wieder. Sie wurde daher dort nach Abschluss der Aufschüttung 1999 weitestgehend sich selbst überlassen. „Wir haben hier viel Totholz und eine hohe Artenvielfalt", sagt Oliver Balke von der örtlichen Forststation. Die Forstmitarbeiterinnen und -mitarbeiter führen regelmäßig Gruppen durch den Industriewald. Der ist nicht nur bei Kindergarten- und Schulgruppen sehr beliebt, sondern auch etwa bei internationalem Fachpublikum. Wie in jedem öffentlichen Wald in NRW ist das Gelände offen zugänglich – auch abseits der Wege und Pfade. „Natürlich nur auf eigenes Risiko", sagt Oliver Balke und stellt damit auch auf den Umstand ab, dass in den Wald möglichst wenig eingegriffen wird.

Halde Rheinelbe

Spiralförmig schlängeln sich die Wege die Halde hinauf. Dazwischen leben seltene Amphibienarten, wie die Geburtshelferkröte. Und es gibt Grünspechte, Libellen und sogar Ameisenhügel, wie sie sonst eher aus den Mittelgebirgen oder den Alpen bekannt sind. Mit dem Industriewald verfolgt die Forststation einen ganzheitlichen Ansatz – Naherholung, wilde Natur und Umweltpädagogik gehören dazu. Und neben seltenen Tierarten gibt es auch überraschende Pflanzen. Zum Beispiel die Breitblättrige Stendelwurz, die eine Orchidee ist.

Skulpturen auf dem Weg Richtung Himmelstreppe

Eine wildwachsende Orchidee in Gelsenkirchen – das sollte man sich unterwegs bewusst machen. „Hier gibt es auch Pflanzenarten, die auf der Roten Liste bedrohter Arten stehen", sagt Oliver Balke. Die Halde Rheinelbe und ihren besonderen Industriewald nennen aber nicht nur Pflanzen und Tiere ihr Zuhause, dort stehen auch Skulpturen. Den „Skulpturenwald" können Besucher und Besucherinnen auf dem Weg Richtung Himmelstreppe ebenfalls erkunden.

Info

Lage: Die Halde Rheinelbe liegt in Gelsenkirchen, im Norden des mittleren Ruhrgebiets; Leithestraße 119, 45886 Gelsenkirchen

HINWEIS: Der Zugang zur Halde ist kostenlos, die Führungen der Forststation sind nur für Gruppen und je nach Verfügbarkeit buchbar. Es gibt keine öffentlichen Führungen ohne Anmeldung. Unser Tipp: Mit Freunden und Familie zusammentun und einen Gruppentermin anfragen; *ruhrgebiet@wald-und-holz.nrw.de*

Einkehren:

- In der Nähe befindet sich das beliebte Hofcafé des Bauernhofes Mechtenberg. Es ist etwa fünf Minuten mit dem Fahrrad oder 25 Minuten zu Fuß entfernt. Dort gibt es unter anderem ein Frühstücksangebot; Am Mechtenberg 5, 45309 Essen, *bauer-budde.de*

26 Nordsternpark Gelsenkirchen

FARBENFROHES SPRÜHEN FÜR ALLE

Sprayerinnen und Sprayer sowie andere Hobbykünstlerinnen und -künstler können sich im Nordsternpark in Gelsenkirchen austoben. Und das Areal bietet noch mehr Anlaufstellen für die ganze Familie.

Das Amphitheater (li.) direkt am Wasser

Kleine Strichmännchen neben großen Bildern. Über rund 400 Meter Länge und mehrere Meter Höhe zieht sich die Graffitiwand im Landschaftspark Nord. Dort dürfen alle sprayen und malen, die Lust dazu haben. Ganz gleich, ob echtes Talent, noch nicht als solches entdeckt oder hoffnungsloser Fall. Und all diejenigen, die sich den Griff zur Spraydose nicht zutrauen, können sich die Werke anderer anschauen. In den vergangenen Jahren haben schon viele - vorwiegend junge – Menschen dort gesprüht. Es ist ein buntes Kunstsammselsurium an der Wand entstanden, das regelmäßig anders aussieht.

Direkt dahinter fließt – oder eher steht, wie für einen Kanal üblich –der Rhein-Herne-Kanal. Wenn gerade keine mit Schüttgut beladenen Dampfer eine breite Bugwelle vor sich herschieben, legt eventuell ein Fahrgastschiff der Weißen Flotte an. Diese verkehren an zwei Wochentagen zwischen dem Park und Oberhausen.

Der Park wurde für die Bundesgartenschau 1997 gestaltet. Seitdem fügen sich die alten Industrieanlagen der Zeche Nordstern, die dort bis 1986 betrieben wurde, in die Parklandschaft ein. Erst im Jahr 1994 war aber auf dem Gelände komplett Schicht im Schacht. Damit ging in Gelsenkirchen eine Ära zu Ende: Noch 1982 waren auf Nordstern 3300 Menschen beschäftigt. Die Kumpel förderten fast zwei Millionen Tonnen Kohle im Jahr.

An der Graffitiwand dürfen alle ihr Talent zeigen.

Heute ist das kaum mehr vorstellbar. Das große Parkgelände wird vom Rhein-Herne-Kanal geteilt. An dem finden im Sommer Kunst- und Kulturveranstaltungen statt, etwa im sogenannten Amphitheater. Dort sitzen die Zuschauerinnen und Zuschauer am Ufer, die Kunstschaffenden stehen in ihrer Mitte am Wasser.

Der Nordsternpark ist ideal zum Spazieren, Joggen oder Radfahren. Für Sportfans gibt es Outdoor-Fitnessgeräte. Kleinere Wege führen über Holzstege entlang und über einige Teiche. Auf großen Rasenflächen können Picknickdecken ausgebreitet werden, die Kinder können Fußball spielen oder Frisbees werfen. Außerdem gibt es mehrere Spielplätze und für Hundehalter eine eigene Hundewiese - zum Toben mit anderen Vierbeinern.

Für Familien eine wichtige Anlaufstelle: das Kinderland im östlichen Teil des Parks, direkt am großen Wasserspielplatz. Ein Haus, wo es Kaffee und Kuchen gibt und das vom Verein Ziegenmichel betrieben wird. Er hat sich der nachhaltigen Pädagogik verschrieben. Der Verein bietet regelmäßige kostenlose oder günstige Programme an. Außerdem verleiht er Wasserspielzeuge für den nahe gelegenen Abenteuerspielplatz.

Von weit her sichtbar, selbst vom andere Ende des Areals, ist die Herkules-Statue. Die fast 20 Meter hohe Skulptur steht seit 2010 auf dem Dach des ehemaligen Förderturms der Zeche Nordstern. Von Einheimischen wird sie gleichermaßen verschmäht und geschätzt. Mittlerweile ist sie als Wahrzeichen des Nordsternparks nicht mehr wegzudenken.

Ausflüglerinnen und Ausflügler, die zu Beginn ihres Besuches an der langen, bunten Graffitiwand vorbei geschaut haben, können auf den Heimweg nochmals vorbeigehen. Wenn nämlich gerade Sprayerinnen und Sprayer am Werk waren, ist es gut möglich, dass das Street-Art-Kunstwerk mittlerweile fertig geworden ist.

Info

Lage: Der Nordsternpark liegt in Gelsenkirchen, im Norden des mittleren Ruhrgebiets; Nordsternstraße 1, 45899 Gelsenkirchen

Websites:

- Weiße Flotte: *baldeneysee.com/rhein-herne-kanal/linienfahrten/*
- Haus Kinderland: *kinderland-gelsenkirchen.de*

HINWEIS: Im Nordsternturm, auf dem der „Herkules von Gelsenkirchen" steht, befindet sich auch eine Ausstellung und es gibt eine Besucherterrasse mit Blick über den Park; *nordsternturm.de*

Einkehren: Rund 15 Autominuten vom Nordsternpark entfernt können wir für Frühstück oder einen Snack zwischendurch die Crèperie in Gelsenkirchen-Buer empfehlen; Hagenstraße 36, 45894 Gelsenkirchen

Mittleres Ruhrgebiet Süd

Essen | Bochum | EN-Kreis West (Hattingen, Witten, Sprockhövel) | Kreis Recklinghausen (nur Herten)

Die Halde Hoheward mit dem Himmelsobservatorium

Mittleres Ruhrgebiet Süd

27. Mit dem Rad und über Schienen durch das Wittener Ruhrtal
28. Hohenstein: Familienausflug in Wittens grüne Lunge
29. Weihnachtszeit in Hattingen und Bochum: Glühwein und Leckereien
30. Bermuda3Eck Bochum: eine Nacht zum Ausgehen und Feiern
31. Bochumer Theaterkunst: einnehmende und vielfältige Bühnenkunst
32. Museum Folkwang Essen: erstklassige Kunst sehen und erleben
33. Essen 1887: zu Gast beim Trauerzug von Alfred Krupp
34. Baldeneysteig Essen: über Hügel und entlang des Sees
35. Ruhrmuseum Essen: viele Facetten, ein Museum
36. SPIEL Essen: Fantasie, Wettbewerb und Spielfiguren zum Herbstbeginn
37. Geocache in Herten: analoger Ausflug mit digitalem Abenteuer
38. Fackelwanderung auf Halde Hoheward in Herten: Sternensuche im Feuerschein

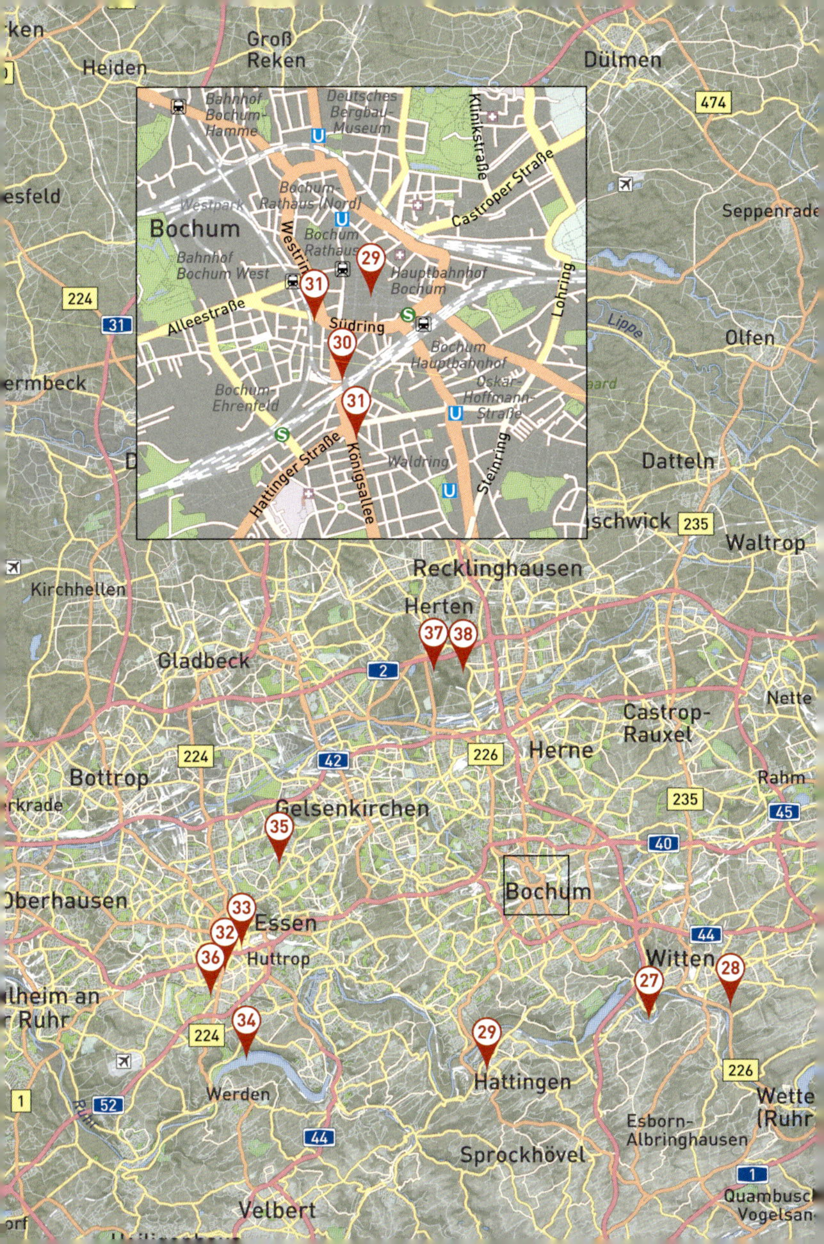

Groß Reken
Heiden
Dülmen
474
Bahnhof Bochum-Hamme
Deutsches Bergbau-Museum
Klinikstraße
Castroper Straße
Westpark
Bochum-Rathaus (Nord)
Bochum
Westring
Bochum Rathaus
29
Bahnhof Bochum West
Hauptbahnhof Bochum
31
Alleestraße
Südring
Lohring
30
Bochum Hauptbahnhof
Bochum-Ehrenfeld
Oskar-Hoffmann-Straße
31
Hattinger Straße
Königsallee
Waldring
Steinring
Seppenrade
224
31
Lippe
Olfen
Datteln
235
Waltrop
Recklinghausen
Kirchhellen
Herten
37
38
Gladbeck
2
Castrop-Rauxel
Nette
224
42
226
Herne
Bottrop
Rahm
235
45
Gelsenkirchen
35
40
Oberhausen
33
Bochum
Essen
32
44
36
Huttrop
Witten
28
27
34
29
224
Hattingen
226
52
Werden
Esborn-Albringhausen
44
Sprockhövel
1
Velbert

27 Mit dem Rad und über Schienen

DURCH DAS WITTENER RUHRTAL

Wasser, Fahrrad und historische Züge – ein Tagesausflug am Wochenende ins Wittener Ruhrtal kann sehr abwechslungsreich sein. Wir zählen einige der Hauptattraktionen auf – umgeben von viel Grün.

Dreh und Angelpunkt des Ausfluges ist das Gebiet rund um die Ruhrtalfähre am Wittener Schleusenwärterhaus. Die Überfahrt dauert keine fünf Minuten – und doch bietet das kleine Schiff Fahrradfahrerinnen und -fahrern einen echten Perspektivwechsel. Die Fähre verbindet den Wegabschnitt entlang der Wälder des Muttentals mit dem durch die Ruhrwiesen auf der anderen Seite. Radfahrerinnen und Radfahrer, die von Süden, also aus Richtung Winterberg, zum Fähranleger kommen, können an der Burgruine Hardenstein stoppen. Sie liegt direkt an der Ruhr, nur wenige Meter oberhalb. Von der Festung aus dem 14. Jahrhundert sind noch zwei Türme, einige Grundmauern sowie die Außenanlage übrig.

Dass das Burgleben heute nicht mehr so blüht wie noch vor einigen hundert Jahren, ist einem Zwergenfluch geschuldet – zumindest der Sage nach. Der unsichtbare Zwergenkönig Goldemar brachte Schande und Unglück über die Burg, nachdem ein Küchenjunge versucht hatte, ihm eine Falle zu stellen. So wollte er Goldemar sichtbar machen. Der Plan scheiterte grausam, Goldemar verspeiste den Jungen und belegte die Burg mit einem Fluch.

Die Ruhrtalfähre bringt Passagiere an das andere Ruhrufer.

Die Wiege des Bergbaus: das Wittener Muttental

Sage hin oder her – heute lässt sich an der Ruine gut ein Picknick machen. Das Grillen ist auf der Anlage jedoch verboten. Einheimische steigen stattdessen gerne die wenigen Meter Böschung hinab und springen in die Ruhr. Doch Vorsicht: Direkt gegenüber ist ein Wehr, das schon bei wenig Hochwasser überspült wird und starke Strömungen verursacht! Auch deshalb ist das Schwimmen in der Ruhr nicht nur an dieser Stelle verboten. Fünf Gehminuten von der Ruine entfernt kann man eine Wandmeislerei entdecken. In die Felswand wurde vor rund 100 Jahren das Gesicht des ehemaligen Reichspräsidenten Paul von Hindenburg eingeschlagen. Es befindet sich etwa 100 Meter vom Hauptburgtor entfernt. Ein kleiner, unscheinbarer Pfad führt direkt zum Kunstwerk.

Auf der anderen Ruhrseite wartet dann das Königliche Schleusenwärterhaus. An dem Fachwerkhaus aus dem Jahr 1835 gibt es kühles Radler, Gegrilltes und Flammkuchen. Auf Bierzeltgarnituren lässt es sich gut aushalten. Zwischen Ruhrtalfähre und Schleusenwärterhaus ist ein Stück alten Leinpfades erhalten geblieben. Auf dem Weg aus den 1770er-Jahren zogen Lastenpferde Kohlenkähne ruhraufwärts.

Dieser Abschnitt des Ruhrtales bietet aber noch viel mehr: Folgen Besucherinnen und Besucher dem Weg in Richtung Duisburg, kommen wenige hundert Meter später die nächsten Einkehrmöglichkeit mit Ruhrblick. An der Lakebrücke steht das Alte Zollhaus mit einem kleinen Biergarten. Auf der gegenüberliegenden Seite verwöhnt ein Spanier seine Gäste – ebenfalls direkt am Wasser. Der RuhrtalRadweg führt von hieraus weiter zum Freizeitparadies Kemnader See. Und auf der Südseite der Fährstrecke liegt das Industriemuseum Zeche Nachtigall mit einem Besichtigungsstollen sowie das Feldbahnenmuseum. Die kleinen Grubenbahnen fahren am Wochenende vom Muttental-Parkplatz bis zur Zeche Nachtigall – ein Ausstieg ist dort allerdings seit einigen Jahren nicht mehr möglich.

Und: Durch diesen Teil des Ruhrtals führt eine einspurige Bahntrasse. Sie wird heute nur noch an drei Sonntagen im Monat von historischen Zügen befahren. Teils von einer imposanten Dampflok, teils von einem dieselbetriebenen Schienenbus. Wenn der Termin passt, lässt sich das in einen tollen Ausflug einbauen: Der Startpunkt mit dem Rad ist dann bei Zeche Nachtigall. Von dort über den RuhrtalRadweg bis nach Hattingen zur Henrichshütte. Und von dort mit dem Zug zurück – entweder bis zur Burgruine Hardenstein oder gleich bis zur Zeche Nachtigall.

Mit der Dampflok durch das Ruhrtal

Info

Lage: Das Schleusenwärterhaus liegt in Witten, das zum Ennepe-Ruhr-Kreis gehört und im Süden des mittleren Ruhrgebiets liegt; Insel 1, 58456 Witten. Es gibt allerdings keine direkte Parkmöglichkeit. Wanderparkplatz am Rande des Muttentals: Fußweg zum Schleusenwärterhaus 2,6 Kilometer, zur Zeche Nachtigall 1,3 Kilometer; gegenüber von Nachtigallstraße 23, 58452 Witten.

Websites:

- Museum Zeche Nachtigall (dazu gehört auch ein Besucherstollen): Nachtigallstraße 35, 58452 Witten, *zeche-nachtigall.lwl.org/de*

- Feldbahnmuseum Zeche Theresia: Nachtigallstraße 27-33, 58452 Witten, *muttenthalbahn.org/de/dasmuseum*
- Museumzug: *eisenbahnmuseum-bochum.de/ruhrtalbahn*

Einkehren:

- Königliches Schleusenwärterhaus: Insel 1, 58456 Witten, *wabembh.de/projekte/bewirten-und-erleben/koenigliches-schleusenwaerterhaus.html*
- Zollhaus: Ruhrtal 1, 58456 Witten, *wabembh.de/projekte/bewirten-und-erleben/zollhaus-herbede.html*
- Picasso im Ruhrblick: spanisches Restaurant; In der Lake 19, 58456 Witten, *picassoimruhrblick.de*

HINWEISE:

- Rundwanderung im Muttental: alternativer Startpunkt Wanderparkplatz Alte Tür; *komoot.de/tour/899012493?ref=wtd*
- Fahrradroute über die Ruhrtalfähre zum Kemnader See: *komoot.de/tour/898953914?ref=wtd*
- Fahrradroute durch das Ruhrtal Richtung Hagen und um den Harkortsee: *komoot.de/tour/898961699?ref=wtd*
- Ruhrtalfähre: Eine Spende ist willkommen! *ruhrtalfaehre.de.* Umfahrung der Ruhrtalfähre bei langen Wartezeiten oder wenn diese nicht fährt: aus Richtung Winterberg schon etwa ein Kilometer eher, kurz vor der Zeche Nachtigall, abbiegen. Über die Nachtigallbrücke fahren und entlang der B235 auf dem Bürgersteig. Die erste Möglichkeit zum Abbiegen in die Ruhrwiesen nutzen und am Anleger der Fähre ankommen, landschaftlich allerdings nicht schön.
- Parallel fährt im Sommer das Ausflugsschiff „MS Schwalbe II" vom Anleger Uferstraße, unweit der Zeche Nachtigall, bis zum Kemnader See. Entlang beider Endanleger verläuft auch der RuhrtalRadweg. Die Mitnahme von Fahrrädern auf dem Schiff ist begrenzt; *schwalbe.stadtwerke-witten.de*

28 Hohenstein

FAMILIENAUSFLUG IN WITTENS GRÜNE LUNGE

Am Hohenstein könnten Auswärtige einmal mehr vom „vielen Grün“ im Ruhrgebiet überrascht werden. Das Naherholungsgebiet ist ein tolles Ziel für die ganze Familie – es gibt Spazierwege, Tiere und Spielplätze. Und einen einmaligen Blick auf Ruhr und Ruhrauen.

Blick vom Berger-Denkmal auf das Ruhrtal

Der Hohenstein ist eine großes Naherholungsgebiet unweit der Wittener Innenstadt. Das Gebiet mutet teils parkähnlich an und geht in seinen Ausläufern in einen schönen Mischwald über. Breite Wege führen über große Wiesen, auf denen Kinder und Jugendliche Fußball spielen oder Frisbee werfen können. Ein Spielplatz mit einigen Wasserpumpen und einem Klettergerüst sorgt bei den Kleinen für ausreichend Abenteuer.

Der Höhepunkt für den Sonntagsspaziergang oder eine schöne Wanderung ist aber der Blick vom Bergerdenkmal. Der knapp 21 Meter hohe Turm aus dem Jahr 1902 steht am Rand des Hohensteins. Unterhalb liegt die Ruhr. Auf das Gebäude, das einst als Denkmal für den Politiker und Industriellen Louis Berger gebaut wurde, führt eine schmale Treppe. Ein guter Ort, wenn die Sonne das Ruhrtal bei ihrem Aufgang in einmalige Farben taucht.

Direkt am Parkplatz, der am Wochenende oft sehr voll ist, stehen zu den Hauptzeiten Imbisswagen. Im Haus Hohenstein gibt es Kuchen oder ein kühles Bier. Der Hohenstein hat auch feste Bewohner: Im städtischen Streichelzoo können Kinder Meerschweinchen, Kaninchen und Ziegen beim Fressen zuschauen oder teils selbst füttern. In zwei großen Gehegen leben außerdem Wildschweine und Damwild. Hier stehen Futterautomaten bereit. Teils sind die aber leer. Wenn nämlich zu viel gefüttert wird, ist das für die Tiere nicht gesund.

Am Lehrbienenstand, in Parkplatznähe, aber trotzdem mitten im Wald, erklären Schautafeln das Leben der Honigbiene. Es gibt auch einen Schaukasten, wo Jung und Alt den Bienen im Sommer live beim Krabbeln und Tänzeln zuschauen können. Am Wochenende backen die Imkerinnen und Imker des Kreisimkervereins frische Honigwaffeln, beantworten den Kindern Fragen rund um das Bienenleben und verkaufen natürlich auch das „flüssige Gold", das sie im Sommer schleudern. Am Lehrbienenstand finden regelmäßig Workshops und Lehrgänge statt.

Der Streichelzoo

Freud und Leid auf dem Hohenstein zugleich: Die allermeisten Gäste dringen nur in das Gebiet in Parkplatznähe vor. Wer sich mal ein halbes Stündchen weiterwagt, kann einen ruhigen Wald mit gut ausgebauten Wegen erkunden. Die Wege vom Hügel hinunter führen in einer Richtung zum Hammerteich, in die andere lässt sich kilometerweit durch den Wald laufen.

Info

Lage: Der Hohenstein ist in der Stadt Witten, die Teil des Ennepe-Ruhr-Kreises ist und im Süden des mittleren Ruhrgebiets liegt; Hohenstein 30, 58452 Witten

Websites:

- Lehrbienenstand: *kiv-ruhrgebiet.de/index.php/lehrbienenzentrum*
- Städtischer Streichelzoo: *witten.de/rathaus-service/buergerservice/dienstleistungen-a-z/dienstleistung/show/streichelzoo-und-wildgehege-hohenstein*

Einkehren:

- Am Hohenstein selbst gibt es nur ein überschaubares Imbissangebot. In der Wittener Innenstadt befinden sich aber einige gute Cafés und Restaurants, etwa Restaurant Knuts *(knuts-witten.de)* sowie die Cafés RAUM *(arbeitundcafe.de/kaffeehaus)* und Leye *(cafeleye.de)*.
- Sebos Dorfkrug: empfehlenswerte Küche mit kleinem Biergarten; etwas weiter entfernt, in Richtung Bochum und Kemnader See, Dorfstraße 11, 58455 Witten, *sebos-dorfkrug.de*

HINWEIS:

- Wandertipp: Der Ruhrhöhenweg von Witten nach Wetter geht über den Hohenstein und ist eine lohnende Wanderung. Die 11,5 Kilometer lange Strecke dauert drei bis vier Stunden. Start ist am Wittener Hauptbahnhof. Von dort dem Wanderwegzeichen „X" (mit dem Zusatz „R") des Sauerländischen Gebirgsvereins folgen. Durch den Stadtpark und über den Hohenstein führt der Weg Richtung Wetter. Teils führt er durch alte Buchenwälder, teils über weitläufige Gehöfte. In Wetter ist man schnell am Hauptbahnhof. Die Regionalbahnen RE4 und S5 (Richtung Dortmund) und RE16 und RB40 (Richtung Essen) fahren zurück nach Witten; *komoot.de/tour/960816590?ref=wtd*

29 Weihnachtszeit in Hattingen und Bochum

GLÜHWEIN UND LECKEREIEN

Fast jede Ruhrgebietsstadt hat in der Vorweihnachtszeit einen Weihnachtsmarkt. So weit nicht besonders – wir empfehlen Euch aber zwei Märkte zum Weihnachtsmarkt-Hopping.

Eine kleine Kutsche und ein Löwe laufen im Kreis – nicht echt, sondern für Kinder im schnuckeligen Karussell auf dem Hattinger Weihnachtsmarkt. Das Rondell steht direkt auf dem alten Kirchplatz, vor der St. Georg-Kirche, ringsum angeordnet Hütten, wo es verschiedene „Schnuckereien" gibt: gebrannte Mandeln, Crêpes oder Glühwein. Dazwischen stehen Händlerinnen und Händler mit Wollsocken oder leuchtenden Papiersternen. Dieser Teil des Marktes heißt nicht umsonst „Nostalgischer Weihnachtsmarkt".

Der Hattinger Weihnachtsmarkt von Schnee bedeckt

Die Buden und Stände verteilen sich in Hattingen über die gesamte Altstadt. Sie ist eine der schönsten Innenstädte des Ruhrgebiets – unabhängig vom Weihnachtsmarkt auch im Frühjahr, Sommer oder Herbst. Ein Höhepunkt ist das Bügeleisenhaus, so benannt wegen seiner Form. Das Fachwerkhaus aus dem Jahr 1611 beherbergt heute ein kleines Museum mit wechselnden Heimatausstellungen. Wenige Meter weiter steht das Alte Rathaus, ebenfalls ein Fachwerkhaus, dessen Grundstock schon im frühen 15. Jahrhundert entstand. Wenn der Weihnachtsmarkt in Hattingen ist, kommt hier jeden Tag Frau Holle vorbei. Sie öffnet eines der Fenster und schüttelt ihre Kissen.

Rund 150 alte Bauwerke gibt es noch entlang der kleinen Gässchen in Hattingen. Sie ist eine der wenigen Innenstädte, die im Ruhrgebiet zur Zeit des Zweiten Weltkrieges kaum Schaden genommen hat. Davon profitieren heute Touristinnen und Touristen sowie die Einheimischen.

Einen Platz weiter kommen jedes Jahr zur Vorweihnachtszeit französische Händlerinnen und Händler. Sie bieten Lavendelseife aus der Bretagne, Salami aus dem Baskenland und Bergkäse aus den Alpen-Departments. Im St. Georgs-Viertel haben Kunsthändler und -händlerinnen ihre Stände aufgebaut.

Der Hattinger Weihnachtsmarkt ist heimelig und schön, aber nicht übermäßig groß. Für den größeren Budenzauber empfehlen wir daher die Märkte in Dortmund und Essen. Oder den in Bochum, wo die Straßenbahn aus Hattingen direkt hinfährt – das ist ideal für einen Weihnachtsmarkt-Tag. Die Bahn lädt einen nach nur einer halben Stunde direkt am Bochumer Weihnachtsmarkt ab. Dort gibt es sogar einen fliegenden Weihnachtsmann. Jeden Abend zwischen 17 und 19 Uhr schwebt er in einem Schlitten über den zentralen Dr.-Ruer-Platz. In über 30 Meter Höhe erzählt der Weihnachtsmann den kleinen Besucherinnen und Besuchern lustige und vorweihnachtliche Geschichten. Am Wochenende gibt es Einlagen von Artisten und Artistinnen. Während die Kinder mit offenen Mündern nach oben starren, steigt den Eltern schon der Duft von frischem Brot, Holzfeuer und Met in die Nase. Das alles gibt es auf dem „Mittelalterlichen Markt", direkt nebenan. Rund 15 Buden bieten hier Speis und Trank sowie kleine Mitbringsel

Weihnachtsmarkt in Bochum

aus einer – vermeintlich – anderen Zeit. Die historische Echtheit sei mal dahin gestellt, aber die Händler tragen Gewänder, wie aus dem Bochum des Mittelalters.

Info

Lage: Hattingen gehört zum Ennepe-Ruhr-Kreis und liegt wie Bochum im Süden des mittleren Ruhrgebiets.

- Hattingen: Sankt-Georg-Straße, 45525 Hattingen,
- Bochum: Dr.-Rue-Platz, 44787 Bochum

HINWEISE:

- Der Hattinger und der Bochumer Weihnachtsmarkt öffnen in der Regel in der vorletzten Novemberwoche und schließen kurz vor Heiligabend; *hattingen-marketing.de/events/weihnachtsmarkt/, bochumer-weihnacht.de*
- Zwischen den Innenstädten von Hattingen und Bochum fährt die Straßenbahn-Linie 308. Sie braucht knapp 30 Minuten. Ein Besuch der beiden Märkte lässt sich gut verbinden. Der Hattinger Markt schließt aber in der Regel früher als der Bochumer.
- Sehr groß und ebenfalls einen Besuch wert sind die Weihnachtsmärkte in Essen *(visitessen.de/essentourismus_veranstaltungen/essen__weihnachten_/startseite.de.html)* und Dortmund *(weihnachtsstadt-do.de)*. In Dortmund steht auf dem Hansaplatz der weltweit größte Weihnachtsbaum. Er lockt jährlich tausende Reisende aus ganz Deutschland und halb Europa an. Der Baum ist rund 40 Meter hoch und wird aus 1700 Rotfichten zusammengebaut. Für ein echtes Lichtspektakel am Baum sorgen 48.000 Leuchtelemente.
- In der Hattinger-Altstadt gibt es auch unabhängig vom Weihnachtsmarkt viele lohnende Restaurants, zum Beispiel: Restaurant Fachwerk, Untermarkt 10, 45525 Hattingen, *fachwerk-hattingen.de*

30 Bermuda3Eck Bochum

EINE NACHT ZUM AUSGEHEN UND FEIERN

Das Bermuda3Eck in Bochum sticht unter den Ausgehvierteln der Region heraus. Unter den insgesamt über 80 Betrieben finden alle etwas Passendes.

Es geht nur langsam voran, es sind viele Menschen unterwegs. Die Stühle und Tische der Bars stehen weit auf die Straße hinaus – Autos gibt es dort ohnehin nicht. Die Menschen schlendern entlang, winken anderen Gästen zu, lachen und unterhalten sich angeregt. So sieht ein typischer Sommer-Samstagabend im Bermuda3Eck aus. Jugendliche stehen mit Bier aus dem Supermarkt auf dem Platz, die Älteren sitzen in den Bars.

Der Biergarten am „Kap"

Das Bermuda3Eck liegt nur wenige Gehminuten vom Bochumer Hauptbahnhof entfernt. Es hat sich in den vergangenen 30 Jahren fest als Kneipen- und Ausgehviertel etabliert. Als solches ist es regional und überregional bekannt. Jährlich besuchen bis zu vier Millionen Menschen die anderthalb Straßenzüge. Dabei beginnt der Kern des Bermudas wenig abwechslungsreich. In der Brüderstraße reihen sich mittlerweile auffällig viele Shisha-Bars aneinander. Dazwischen haben sich andere Bars und Restaurants angesiedelt – dazu zählen Japaner, Vietnamesen und Italiener.

Ganz anders präsentiert sich das Dreieck in der Kortumstraße. In den dortigen Bars wird am Wochenende auf großen Bildschirmen Fußball gezeigt. Es wundert wenig, dass vor allem bei Fußball-Großevents, wie der WM oder der EM, im Bermuda schnell die Fans das Bild prägen. Bei und nach Heimspielen des VfL Bochum gilt das ebenso. Und nach dem Saisonende kann es passieren, dass Fans dort gemeinsam mit ihrer Mannschaft feiern.

Besucherinnen und Besucher, die sich davon mitreißen lassen wollen, können sich dem ohne Schwierigkeiten hingeben. Andere haben aber ausreichend Möglichkeiten auszuweichen. Auch, was die Bars angeht. Es gibt ein Brauhaus, in dem eine deutschlandweit bekannte Großbrauerei ihr Bier ausschenkt und zünftige Speisen auftischt. Ansonsten wird im Dreieck aber vorwiegend das heimische Fiege ausgeschenkt. Andere Bars locken mit großen Cocktails, die nach Karibik schmecken sollen.

Zwischen einige Bars der Kategorie „Systemgastronomie“ streuen sich Gastronomien, Cafés und Bars, die es nur dort gibt. Etwa der Intershop, eine Kneipe, in der es erst weit nach Mitternacht voll wird. Oder die Pinte, eine kleine Kneipe mit Tresen und günstigem Pils. Insgesamt wächst das Bermuda seit einigen Jahren weiter. Auf der parallel verlaufenden Viktoriastraße gibt es weitere Restaurants und Clubs, etwa das Pasta zum Essen oder die Trompete zum Tanzen. Auf der anderen Seite hat eine Weinbar eröffnet, bei der die Besucher sich das Getränk selbst abfüllen und per Guthabenkarte zahlen. Ziemlich modern, die Atmosphäre leidet aber etwas unter der Idee.

Im Bermuda3Eck gibt es viele Bars.

Das passiert in den beiden Clubs nebenan nicht. In der Rotunde steigen regelmäßig Kulturveranstaltungen und Techno-Partys. Noch eine Halle weiter, im Riff, feiern am Wochenende viele Studierende und andere junge Leute. Der zentrale Platz des Ausgehviertels ist aber das „Kap“. Das wird mit einer kleinen Bühne nur zu bestimmten Anlässen bespielt, etwa bei Bochum Total. Bei dem kostenlosen Festival treten viele verschiedene Bands auf – jeden Sommer an einem Wochenende. Tausende Menschen tanzen dann in den Straßen der Bochumer City. Im Bermuda3Eck kommen aber nicht nur dann alle auf ihre Kosten.

Info

Lage: Das Bermuda3Eck liegt in Bochum, im Süden des mittleren Ruhrgebiets; Kortumstraße 1, 44787 Bochum

Website: *bermuda3eck.de*

Weitere lohnende Restaurants und Kneipen im Stadtgebiet:

- etwa im angesagten „Ehrenfeld", entlang der Rottstraße oder „Iulians Weinbar" an der Unistraße
- Baristoteles: abseits des Bermuda3Ecks, im schönen Bochumer Schlosspark. Hier gibt es neben leckeren selbst gebackenen Kuchen feinstes „Koks" aus eigener Schlossröstung – auch zum Mitnehmen und zu Hause aufbrühen, *baristoteles.de.* Im Park ist außerdem der Zugang zum „Museum unter Tage" zu finden, das einen Besuch wert ist, *situation-kunst.de*

Ausgehen in anderen Städten:

- Dortmund: Im Kreuzviertel gibt es einige beliebte Kneipen und Bars. Angesagte Clubs sind Oma Doris *(linktr.ee/omadoris)*, der „Alte Weinkeller" *(weinkeller-dortmund.de)* und das Nightrooms *(nightrooms.de)* in der Innenstadt.
- Essen: Entlang der Rüttenscheiderstraße gibt es viele nette Cafés und Ausgehmöglichkeiten. Im Frühjahr blühen dort die Kirschblüten, *ruettenscheid.de.* In Essen wird etwa im Hotel Shanghai getanzt, *hotelshanghai.de*
- Kleinere Städte haben ebenfalls vereinzelt Party- und Clubangebote. In Witten finden zum Beispiel in der Werkstadt regelmäßig gute Tanzveranstaltungen oder Motto-Partys statt, etwa zu den 1920er-Jahren, *werkstadt.com.* Die oftmals nicht überlaufenen Partys bieten Wohlfühlatmosphäre und gute Musik. Ein echter Geheimtipp.

31 Bochumer Theaterkunst

EINNEHMENDE UND VIELFÄLTIGE BÜHNENKUNST

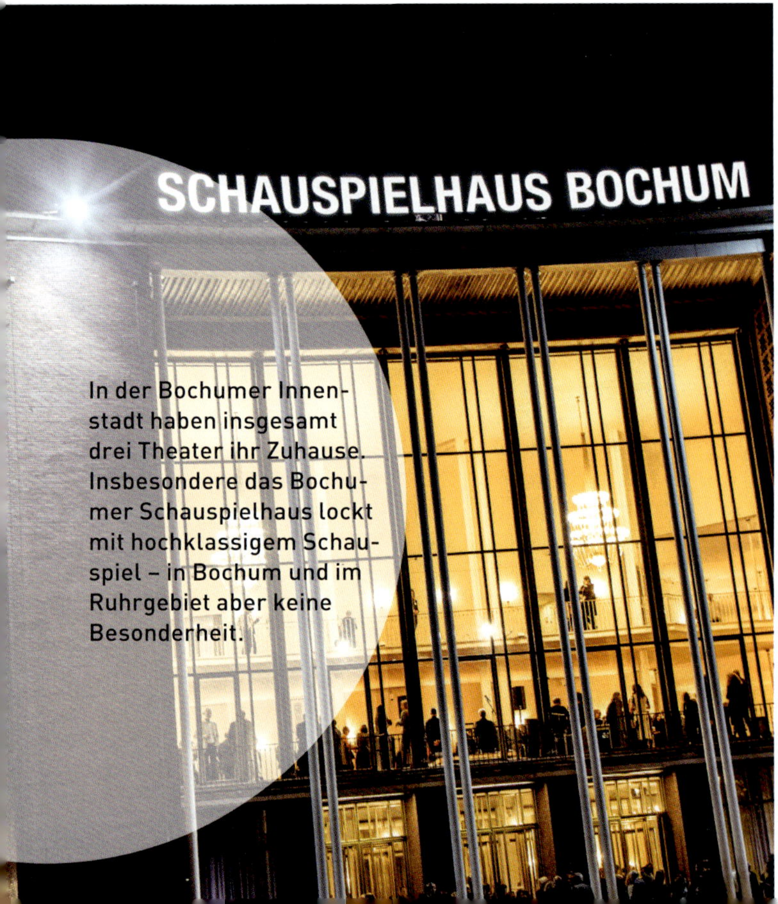

In der Bochumer Innenstadt haben insgesamt drei Theater ihr Zuhause. Insbesondere das Bochumer Schauspielhaus lockt mit hochklassigem Schauspiel – in Bochum und im Ruhrgebiet aber keine Besonderheit.

Künstlerinnen und Künstler aus Deutschland, Europa und der Welt stehen auf den vier Spielflächen des Bochumer Schauspielhauses. Die städtische Bühne Bochums gibt es bereits seit 1919. Zum 100. Geburtstag der Kunst- und Kulturkammer des Mittleren Ruhrgebiets wurde in der Saison 2018/2019 der Niederländer Johan Simons neuer Intendant. Seine Leitung knüpft an die Arbeit seiner Vorgänger an. Das Bochumer Ensemble bringt ein breites Repertoire auf die Bühne: von echten Klassikern, wie Goethes Iphigenie auf Tauris oder Shakespeares Hamlet, bis hin zu modernen Stücken. Das Angebot wechselt jede Saison.

Ausdrucksstarkes Schauspiel in der Rottstraße

Das Publikum kann sich Stücke im eigentlichen Schauspielhaus, unweit des Bermuda3Ecks anschauen. Dort gibt es drei Spielorte. Außerdem spielt das Jugendtheater in dem ehemaligen Waschraum der Prinz Regent Zeche, der heutigen „Zeche 1".

Einen rustikalen Charme hat auch der Spielort eines zweiten Bochumer Theaters: dem in der Rottstraße 5. In einer kleinen Halle, direkt unter der S-Bahn, führen Ensembles eindrückliche Interpretationen auf. Die Eisenbahn ist dabei so nah, dass während der Aufführungen das Wummern der Züge regelmäßig zu hören ist. Alles vibriert dann leicht. Doch das passt in die Atmosphäre. Außer-

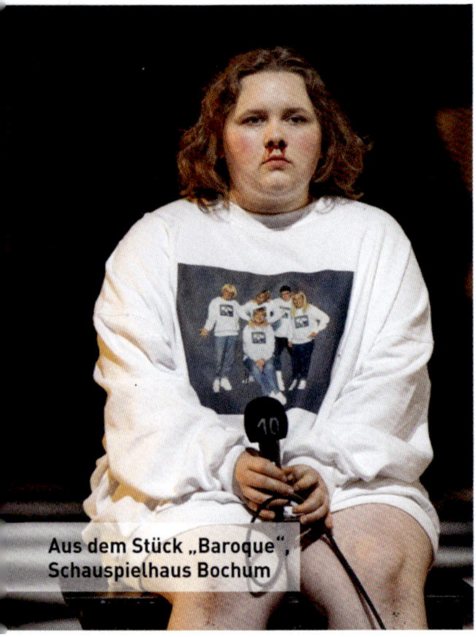
Aus dem Stück „Baroque“, Schauspielhaus Bochum

dem sind die Stücke oftmals so spannend und ausdrucksstark, dass die Bahn-Auswirkungen kaum Aufmerksamkeit erregen. In dem kleinen Saal, der direkt in die Spielfläche übergeht, finden gerade mal 80 Personen Platz. Häufig inszenieren nur zwei oder drei Personen die Stücke. Es arbeitet ein buntes Team aus vielen Regisseuren und Schauspielenden mit.

Dabei leben die Darstellungen von vollem Körpereinsatz der Spielenden. Es spritzt mal Wasser über die Bühne, laute und grelle Lichteffekte tun ihr Übri-

Theater hautnah auf der Bühne unter den Gleisen

ges. Jedes Theaterstück nimmt die Zuschauenden mit und ein. Die sitzen so nah, dass sie sich als Teil des Stückes vorkommen. Und bereits deren Auswahl ist ausgefallen. Auf die Rottstraßen-Bühne kommen zum Beispiel Fightclub oder American Psycho. Stücke, die vielen von der Kinoleinwand oder dem Fernsehbildschirm bekannt sein dürften. Dennoch haben die Aufführungen in der Rottstraße teils nur wenig Wiedererkennungswert mit den Streifen. Ein Besuch lohnt für alle, die gerne Theaterkunst sehen und dafür nicht in gediegene Häuser müssen.

Info

Lage: Das Schauspielhaus und das Rottstraße 5 liegen in Bochum, im Süden des mittleren Ruhrgebiets.

- Schauspielhaus: Königsallee 15, 44789 Bochum
- Rottstraße 5: Rottstraße 5, 44793 Bochum

Websites:

- *schauspielhausbochum.de*
- *rottstr5-theater.de*

Einkehren:

- Haus Henkenberg: Biergarten und Steaks; rund 15 Autominuten vom Bochumer Schauspielhaus entfernt; Henkenbergstraße 145, 44797 Bochum, *haus-henkenberg.de*
- Viele Bars und Restaurants gibt es im nahen Bermuda3eck (siehe Tipp 30).

HINWEISE:

- Ein weiteres, kleines Theater mit guten Stücken in Bochum ist das Prinz-Regent-Theater; *prinzregenttheater.de*
- Das Kulturprogramm im Ruhrgebiet ist vielfältig und riesig. Eine gute Übersicht mit allen Spielorten und Angeboten bietet die Seite oder die vom Regionalverband Ruhr betreute und sehr umfangreiche Kultur-Datenbank „kir": *kulturinfo.ruhr.* Sie beinhaltet regelmäßig Veranstaltungen in über 200 Locations.

32 Museum Folkwang Essen

ERSTKLASSIGE KUNST SEHEN UND ERLEBEN

Das Museum Folkwang in Essen ist eine der renommiertesten Kunstausstellungen Deutschlands. Sie geht immer wieder neue Wege – und präsentiert sich so für Jung bis Alt immer wieder neu.

An dem breiten Stamm eines Nadelbaums lehnt eine ältere Person. Sie füllt fast die Hälfte des Bildes aus und schaut links an dem Betrachter vorbei. Über ihren Schoß lehnt ein kleines, blondes Mädchen in rotem Kleid. Sie hält der Frau eine weiße Blume entgegen.

Dieses Werk „Mutter und Eva" hat Otto Dix 1935 auf einer Hartfaserplatte gemalt. Es hängt derzeit im Ausstellungsraum „Nachricht von ruhigen Momenten". Direkt daneben sind weitere Gemälde ausgestellt, teils aus ganz anderen Epochen und Stilrichtungen. In anderen Räumen sind Gemälde mit Fotografien oder Skulpturen gemischt. Die Kunstwerke verbindet ihre Botschaft. „Wir haben uns von der alten, chronologischen Hängung getrennt", sagt Anka Grosser vom Museum Folkwang. Die Essener Kuratoren hätten damit großen Erfolg, sagen sie.

Gemälde im Museum Folkwang

Das Folkwang hat in seinem Haus zum Beispiel neben Statuen und Gemälden auch viele Grafiken und Fotografien. „Unsere Fotografiesammlung ist sehr berühmt", sagt Grosser. Sie zählt insgesamt 65.000 Bilder. Die Fotos sind ein Grund, weshalb die „Dauerausstellung" bei Folkwang gar nicht so richtig dauerhaft ist. „Die Abzüge sind lichtempfindlich", erklärt Anka Grosser. Sie werden daher in der Regel alle drei Monate durch andere, ebenfalls zum jeweiligen Raum passende Werke ersetzt. Dazu gibt es regelmäßig Sonderausstellung. Die Foto-Ausstellungen seien beim jungen Publikum besonders beliebt, sagt Anka Grosser.

Noch deutlich größer als das Fotoarchiv ist aber die Plakatsammlung – mit rund 350.000 Exponaten. Sie umfasst die gesamte Bandbreite, von frühen Klebpapieren bis zu großformatigen Kunst-, Werbe- und Wahlplakaten. Im Jahr 2022 haben Plakate längst den Weg auf Leinwände gefunden und deshalb wird auch das thematisiert.

Moderne Kunst im Folkwang

Besucherinnen und Besucher wandeln durch das Museum Folkwang, dessen Gebäude selbst eine Art Kunstwerk ist. Der bekannte Museumsarchitekt David Chipperfield hat es 2009 geschafft, den Altbau nahezu perfekt durch einen Neubau zu ergänzen. Von innen sind die Unterschiede fließend, kaum festzustellen. Das Folkwang Museum ist auch für seine großen Künstlerinnen und Künstler bekannt. Man habe etwa die neben München bundesweit wohl größte Anzahl an Werken von Vincent van Gogh. „Die sind ein extremer Glücksfall. Wir sind aber auch für unsere Renoirs und Gauguins bekannt", schwärmt Anka Grosser mit gewissem Stolz.

Seit einigen Jahren versucht die Hausleitung das Museum außerdem zu einem Ort der Begegnung zu machen. Mit Workshops und Veranstaltungen will sie breite Schichten, quer durch die Gesellschaft und Altersgruppen, ansprechen. Und die müssen dafür teils nicht mal ins Museum kommen. „Wir wollen die Hemmschwelle von Kunst herabsetzen", sagt Anka Grosser selbstbewusst. Die Kunst bleibt deshalb nicht am Folkwang-Standort in Innenstadtnähe, sie kommt förmlich zu den Menschen und in ihren Alltag.

Zum Beispiel haben mehrere Künstlerinnen und Künstler anlässlich des 100-jährigen Jubiläums am Standort Essen im Stadtgebiet Kunstwerke installiert. Dafür hat die Künstlerin Folke Köbberling zum Beispiel einen Schafstall gebaut. Der stand dann für einige Wochen auf einer Grüninsel, mitten in einem großen Kreisverkehr, und beherbergte dort fünf Schafe. Um die kümmerten sich die Anwohnerinnen und Anwohner vor Ort. Derartige Aktionen soll es künftig häufiger geben, so der Plan – auch ohne Jubiläumsjahr. Daher: Es kann sich schon während der Anreise zum Museum Folkwang lohnen, die Augen offenzuhalten.

Info

Lage: Das Museum Folkwang liegt in Essen, im Süden des mittleren Ruhrgebiets; Museumsplatz 1, 45128 Essen

Website: *museum-folkwang.de*

HINWEISE:

- Der Eintritt in die Dauerausstellung ist kostenlos, finanziert durch die Stadt Essen. Für die Sonderausstellungen müssen die Besucherinnen und Besucher allerdings bezahlen.
- Die 350.000 Plakate bilden das „Deutsche Plakatmuseum“, das in dieser Art deutschlandweit einzigartig ist. Der Umfang der seit 1974 aufgebauten Sammlung ist so groß, dass sie als eine der größtem Spezialsammlungen weltweit gilt. Viele der Plakate können aus konservatorischen Gründen aber immer nur für einige Wochen ausgestellt werden.
- Für Kinder und Jugendliche dürften insbesondere die Workshops im Museum empfehlenswert sein. Dort können sie zum Beispiel selbst Plakate gestalten.

33 Essen 1887

ZU GAST BEIM TRAUERZUG VON ALFRED KRUPP

Einen Ausflug ins Jahr 1887, terminlich passend zur Trauerfeier des Mäzens Alfred Krupp – das bietet die Stadt Essen mit einer besonderen Stadtführung.

Vor uns steht eine hölzerne Haustür offen. Dahinter ist der Tresen einer Kneipe zu erkennen, das Licht fällt schummrig heraus auf die Straße. Wir gehen einige Schritte vorwärts, durch die Tür in die Kneipe. Der Schankraum ist weitestgehend leer – außer dem Wirt ist nur noch eine Frau da. Sie sieht so aus, wie man sich vielleicht eine vornehme Dame vorstellt. Das liegt auch an ihrem auffälligen Kleid im Stil des späten 19. Jahrhunderts.

Wir gehen an der Theke vorbei, auf der ein Trauerfoto von Alfred Krupp steht. Es ist der Tag seiner Beisetzung im Jahre 1887. Doch Wilhelmine Grillo und der Wirt unterhalten sich gar nicht darüber – obwohl es in Essen in diesen Tagen das bestimmende Thema war.

Auf der Tour begegnet man Promis.

Wir können einfach zuhören, schleichen hinter die Theke und sind dabei nicht mal unfreundlich. Die Bar gibt es nämlich gar nicht. Oder zumindest nicht mehr. Im Jahr 1887 stand sie wohl so oder so ähnlich in Essen. Jetzt sehen wir sie nur dreidimensional auf unserer Brille. Die tragen wir, weil wir an der Stadtführung 1887 teilnehmen.

Die „Nreal Light"-Brille zeigt das historische Essen.

Knapp zwei Kilometer laufen wir durch die Kettwigerstraße direkt am Essener Hauptbahnhof. An diesem Sonntagvormittag sind nicht viele Menschen dort unterwegs. Aber die schauen uns irritiert an. Die Brille, die aussieht wie eine unmodische Sonnenbrille, projiziert uns die Szenen vor die Augen. Für Außenstehende schauen wir uns Dinge an und bewegen uns durch Räume und Häuser, die es nicht gibt, die sie nicht sehen können. Gelegentlich werden wir von anderen Passanten angesprochen.

Mittlerweile könnten wir ihnen beschreiben, wie in etwa es in der Essener City vor über 130 Jahren ausgesehen hat. Kurz zusammengefasst: sehr anders. Das imposante Rathaus existiert nicht mehr, das Wohnhaus der Familie Krupp ebenso wenig. Dank der Brille bekommen wir davon einen Eindruck. Die Geschichte dazu ist unter anderem die von Wilhelmine Grillo, der Witwe des Essener Industriellen und Bauherrin des gleichnamigen Theaters, Friedrich Grillo. Das Grillo-Theater stand schon Ende des 19. Jahrhunderts allen gesellschaftlichen Schichten offen. Noch heute wird in dem Bau in der Innenstadt mehrmals die Woche Theater gespielt.

Nach knapp zwei Stunden endet die Stadtführung. Die neuartige Technik ist zwar noch ausbaufähig, die Möglichkeiten sind aber dennoch beeindruckend. Bei der Stadtführung, die Besucherinnen und Besucher ohne menschlichen Guide erleben, steht dabei die Geschichte und Animation im Vordergrund. Infos zur Geschichte Essens werden dabei mittelbar transportiert.

Info

Lage: Die Stadtführung „Essen 1887" findet in Essen, im Süden des mittleren Ruhrgebiets statt; Kettwiger Straße 2-10, 45127 Essen

Website: *www.visitessen.de/essentourismus_tourismus-information/essen_1887___eine_mixed_reality_zeitreise/essen_1887.de.html#/*

Einkehren: Die Essener Innenstadt bietet nach der Tour ausreichend Gelegenheit zum Bummeln, Einkaufen oder Essen und Trinken in einem der zahlreichen Restaurants. Auch die Rüttenscheiderstraße mit Ausgehqualität ist fußläufig erreichbar.

HINWEIS: Die Besucherinnen und Besucher bewegen sich allein und selbstständig mit den Brillen durch die Innenstadt. Bei Problemen sind Mitarbeiterinnen und Mitarbeiter der Touristeninfo in der Nähe.

34 Baldeneysteig Essen

ÜBER HÜGEL UND ENTLANG DES SEES

Wir beginnen die Wanderung oberhalb des Sees und somit nicht ganz am eigentlich vorgesehenen Startpunkt in Essen-Werden. Auch laufen wir entgegen der Streckenzählung, mit dem Uhrzeigersinn. Das hat einen aus unserer Sicht guten Grund: Wir müssen die steileren Stücke direkt zu Beginn bewältigen, einen kurzen Anstieg von Werden zu unserem Startpunkt sparen wir uns gar ganz. Direkt zu Beginn führt uns der Weg in einen Laubwald hinein. Es ist noch früh an einem sonnigen Tag Mitte April. Die Buchen treiben gerade erst aus. Vom See können wir erst einmal nichts sehen, aber wir haben ja auch noch einige Kilometer und Stunden vor uns. Wir laufen entlang eines Zauns, einer Mauer. Dahinter verstecken sich die Parkanlagen der Villa Hügel. Das imposante ehemalige Herrenhaus der Familie Krupp und heutige Museum thront, so wissen wir, über dem See. Und das heißt: Bald dürften wir die Ufer des Baldeneysees erblicken können.

Einmal rund um den Baldeneysee. Das ist seit 2017 eine beliebte Tages- oder sogar Zweitageswanderung. Der „Baldeneysteig" folgt auf über 26 Kilometern den Uferlinien, führt aber auch teils deutlich von ihnen weg.

Erstmal mischen sich aber in den Wald große Rhododendrenbüsche. Sie wachsen dort schein-

Der Weg führt entlang der Villa Hügel.

bar wild, sind teils zehn Meter ausladend und fünf Meter hoch. Und dann, nach etwa anderthalb Stunden, zeigt sich der Baldeneysee. Das Wasser glitzert in der Sonne, etwa 100 Höhenmeter unterhalb. Aus dem gerade eben noch breiten Forstweg wird ein schmaler und steiniger Wanderweg – und der führt hinunter zum See. Hier herrscht auch an einem Vormittag unter der Woche reges Treiben. Auf dem See trainieren Ruderinnen und Ruderer auf der Regattastrecke, einige Männer hissen die Segel ihrer Boote und junge Familien schieben die Kinderwagen auf der Promenade. Bei einer Zweitagestour wäre dort eine Möglichkeit für eine Übernachtung. Allerdings ist die direkte Steigroute für eine Zweitagestour eigentlich etwas kurz. Dafür gibt es aber insgesamt vier Erweiterungen beziehungsweise Seitenabstecher. Die Routenplanung hat sie „Seitenblicke" getauft und die verlängern die Strecke um insgesamt sechs Kilometer.

Das untere Zeichen weist auf den Baldeneysteig hin.

Wir gehen an verschiedenen Restaurants vorbei. Noch ist es zu früh für eine Pause – anbieten würde sie sich aber. Das östlichen Ende des Sees queren wir über eine alte Eisenbahnbrücke. Der Steig streift dort den Rand des Stadtteils Kupferdreh.

Die Südseite präsentiert sich ganz anders als die bewaldete Nordseite. Der Weg führt durch moderne Siedlungen und über weite Felder. Teils entfernen wir uns weit vom Ufer, können den See gar nicht mehr sehen, dafür Felder, Fachwerkhäuser und Pferde. Auch dort ist wieder kaum jemand unterwegs. Ein Bauernhaus strahlt in der Sonne blau zwischen bunten Blumen hindurch. Es gibt Honig und frische Eier aus eigener Produktion zu kaufen.

Der nächste Abschnitt führt über ein etwa 20 Meter breites Plateau. Der Pfad schlängelt sich durch Birken. Rechts und links geht es steil bergab. Dieser kurze Teil ist ausschließlich für geübte Wanderinnen und Wanderer ausgewiesen, alle anderen können ihn leicht umgehen. Der Aufstieg ist aber eigentlich gut und leicht zu bewältigen. Oben ist es dann ohnehin flach. Kinder des Ruhrgebiets ahnen: Das könnte mal eine Eisenbahntrasse gewesen sein. Daran erinnert heute nicht mehr viel, so ganz können wir es auch nicht in Erfahrung bringen – dafür verläuft parallel die Hespertal-Bahn. Ein Museumszug, der ab Mai an einigen Wochenenden dort verkehrt.

Es geht auch an Feldern entlang.

Den eigentlichen Start- und Endpunkt der Tour bildet der Essener Stadtteil Werden. Im Zentrum gibt es einige Gässchen mit Fachwerkhäusern und inhabergeführten Lädchen. Wenn die Kraft in den Beinen noch reicht, lädt Werden zum Bummeln ein.

Info

Lage: Der Baldeneysteig liegt in Essen im Süden des mittleren Ruhrgebiets. Unser Startpunkt: Bredeneyerstraße 185, 45133 Essen (Bushaltestelle „Zur Platte"); Werden und Kupferdreh bieten sich aber ebenso gut für den Start an.

Einkehren: Der Weg führt entlang verschiedener Einkehrmöglichkeiten: von gehobenen Restaurants über eine Systemgastronomie bis hin zu schlichteren Biergärten mit Seeblick und vernünftiger Pommes-Currywurst. In Essen-Werden können wir das Eis von Sorelli's Frozen Yoghurt & Eisbar (Brückstraße 7, 45239 Essen, *sorellis.de*) empfehlen.

HINWEISE:

- Der Baldeneysteig ist rund 26,5 Kilometer lang plus sechs Kilometer „Seitenblicke". Reine Laufzeit für den normalen Weg sind rund sechs Stunden. Der Weg führt zu einem Großteil über gut befestigte Wege, leider häufig auch über Asphalt. Der Weg ist fast die ganze Zeit hervorragend ausgeschildert und zwar in beide Richtungen. Für die wenigen Stellen, wo mal ein Schild mehr hängen könnte, empfehlen wir vorab die Infobroschüre mit kleiner Karte mitzunehmen. Diese gibt es etwa zum Download auf der Seite der Stadt Essen – einfach „Essen Baldeneysteig" in die Suchmaschine eingeben. Abkürzungsmöglichkeiten bieten sich an der Nordseite durch die S-Bahn Haltestellen Hügel und auf der Südseite durch den S-Bahnhof Kupferdreh oder durch das Verlagern des Startpunktes, wie wir es gemacht haben, und dem Ende in Werden an.
- An bestimmten Wochenenden verkehrt ab Mai die historische Hespertal-Bahn auf der Südseite, zwischen Essen-Kupferdreh und Haus Scheppen. Auch so lässt sich ein Wegteil, etwa ein Fünftel der Gesamtroute, aussparen; *hespertalbahn.de*
- Auf dem See verkehren die Personenschiffe der Weißen Flotte: *baldeneysee.com*

35 Ruhrmuseum Essen

EIN MUSEUM, VIELE FACETTEN

Im Ruhrmuseum geht es um das, was Menschen, Kultur und das Ruhrgebiet insgesamt ausmachen. Ein Besuch lohnt für Einheimische und Auswärtige gleichermaßen.

Was ist „das Ruhrgebiet"? Stahl und Kohle. Wem dazu nicht mehr einfällt, hat diesen Reiseführer wahrscheinlich noch nicht ganz gelesen. Oder: Man sollte dringend in das Ruhrmuseum in Essen gehen. Dort wird auf 5000 Quadratmetern gezeigt, was diese Region wirklich ausmacht, was ihre Geschichte ist und wer die Menschen sind, die hier leben.

Die Zeche Zollverein ist UNESCO-Welterbe.

Dazu zählt bei Weitem nicht nur die Industriegeschichte. Und doch spielt sie eine wichtige Rolle – schon wegen des Ortes. Das Museum befindet sich in der ehemaligen Kohlenwäsche auf Zeche Zollverein. Für die Besucher geht es mit zwei großen, langen und sehr orangefarbenen Rolltreppen hinauf. „Wir behandeln unsere Gäste wie einst die Kohle. Wir befördern sie nach oben und dann bewegen sie sich aus eigener Kraft nach unten", erklärt Philipp Bänfer vom Ruhrmuseum die Symbolik.

Zu Beginn werden Fotos gezeigt, die Momente einfangen. Zum Beispiel Menschen am Rhein-Herne-Kanal. Einige springen von der Brücke. Das ist natürlich verboten, die Bilder zeigen aber ein Lebensgefühl: Sommernachmittage am Kanal. Und: „Das sind keine historischen Brücken, sondern Industriebrücken", sagt Philipp Bänfer. Sie sind daher charakteristisch für die Region.

Beim Bau des Rhein-Herne-Kanals wurde ein Mammutskelett gefunden. Das steht heute im archäologische Teil des Ruhrmuseums. Es ist kein Zufall, dass die Ausstellung bis dahin und noch viel weiter zurückreicht. Genauer: bis ins Karbon. Was damals

Ehemalige Maschinenhalle auf Zollverein

vor 300 Millionen Jahren dort wuchs, ist entscheidend für heute. Schachtelhalme und andere Pflanzen standen in weiten Sumpfgebieten und verrotteten nach und nach. Über die Zeit lagerten sich Erdschichten darüber ab und pressten die Pflanzenmasse durch ihr Gewicht zusammen. Das Material wurde zu Kohle. Durch Plattenverschiebungen kamen dann die Schichten im südöstlichen Ruhrgebiet an die Erdoberfläche und konnten hier abgebaut werden.

Gegenstände, die Kultur und Natur im Ruhrgebiet in den vergangenen Jahrzehnten ausmachten, sind die „Zeitzeichen". In einer Vitrine ist ein schwarzgraues Gebilde zu sehen. „Viele Besucher denken, es sei ein Fossil", sagt Philipp Bänfer. Ist es aber nicht. Es ist eine echte Lunge, eine Staublunge. Unter dieser Krank-

Exponate im Ruhrmuseum

heit, die als Berufskrankheit anerkannt ist, litten vor allem die Kumpel unter Tage. Sie atmeten so viel Kohlenstaub ein, dass ihre Lungen durch Bindegewebe vernarbten. Die Folge: Unzählige Männer erkrankten, bekamen schwer Luft und starben oft daran. Die ausgestellte Lunge steht daher symbolisch für hohe Arbeitsbelastung und schwere Umweltverschmutzung.

Ähnlich prägend für eine ganze Generation waren die Weltkriege. Als wichtiger Industriestandort wurde das Ruhrgebiet in beiden Kriegen besonders stark zerbombt. Was sich heute durch fehlende Altstädte zeigt, symbolisiert im Ruhrmuseum ein Weck-Einmachglas. Darin: Wasser, ganz normales Wasser. „Das Glas hat eine Frau immer mit in die Bunker genommen. Das Wasser war für ihre beiden Zwillinge zum Trinken", sagt Philipp Bänfer.

Erst auf der untersten Etage der Ausstellung geht es dann so richtig um das, was viele wohl am meisten mit dem Ruhrgebiet verbinden: die Industriegeschichte mit Kohle und Stahl.

Info

Lage: Das Ruhrmuseum ist auf dem Gelände des UNESCO-Welterbes Zeche Zollverein in Essen, im Süden des mittleren Ruhrgebiets; Gelsenkirchener Straße 181, 45309 Essen

Website: *ruhrmuseum.de*

HINWEISE:

- Das Ruhrmuseum besteht aus einer umfangreichen Dauerausstellung sowie in der Regel zwei wechselnden Sonderausstellungen.
- Zum Museum gehört noch eine umfangreiche Ausstellung mit tausenden weiteren Exponaten. Diese sind im Schaudepot in der Salzfabrik ausgestellt, insgesamt rund 25.000 Gegenstände. Einmal im Monat können die Räume im Rahmen einer Führung besichtigt werden.

36 SPIEL Essen

FANTASIE, WETTBEWERB UND SPIELFIGUREN ZUM HERBSTBEGINN

Ein Tag auf der SPIEL in Essen sind Stunden mit unzähligen Brett- und Kartenspielen. Der Messebesuch ist nicht nur für echte Spielefans ein Muss, sondern auch für diejenigen, die nur gelegentlich mal mit Freunden zocken.

Die Spielleiter erklären die Spiele.

Ein Stand reiht sich an den nächsten. Und das gleich in mehreren großen Hallen der Messe Essen. Einmal im Jahr kommen Händlerinnen und Händler, Verlage und Spielsüchtige aus der ganzen Welt in die Stadt im Zentrum des Ruhrgebiets. Die SPIEL ist laut Veranstalterangaben die größte Brett- und Kartenspielemesse weltweit. Es gibt so viel zu entdecken und auszuprobieren, dass die Besucherinnen und Besucher locker alle vier Messetage in den Hallen verbringen könnten.

Denn dort gibt es nicht nur neue Spiele, die die Verlage präsentieren, und Shoppingmöglichkeiten mit Messeangeboten. Außerdem dürfen an fast jedem Verlagsstand die Spiele direkt ausprobiert werden. Angestellte der Spieleentwickler stehen an den Tischen, erklären und schieben mit die Figürchen über die Bretter. Dabei ist ganz egal, ob die jungen und alten Interessenten nur mal anspielen wollen oder das ganze Spiel testen möchten. Gerade

Neue und alte Spiele zum Testen

an den Spielflächen der großen Verlage wie Pegasus, Kosmos oder Ravensburg gibt es so viele Tische mit reicher Auswahl, dass dort niemand vertrieben wird.

Und doch bleibt kaum Zeit, ein Spiel ganz zu testen. Direkt nebenan wartet ja bereits der nächste Stand mit weiteren Spielen. Und wer weiß, ob es dort nicht ein viel spannenderes und cooleres Kartenset gibt? Oder ein neues Gesellschaftsspiel mit Fantasy-Figuren und aufwendigen Aufbauten?

In den Hallen besteht deshalb das Risiko, vor lauter Figürchen, Geschichten und Herausforderungen die für einen selbst attraktivsten und spannendsten zu verpassen. Und damit genau das den Besucherinnen und Besucher nicht passiert, lohnt es sich im Vorfeld zu informieren. Die Auswahl ist sonst einfach zu groß, die Eindrücke vielfältig. Spielerfahrene gehen daher nicht planlos auf die SPIEL, sondern steuern direkt und gezielt ihre Lieblingsverlage an.

Und doch sollte man nicht zu sehr den Fokus auf die eigenen Präferenzen legen. Mitten unter die 620 Aussteller aus über 40 Nationen haben sich immer wieder Spiele-Neulinge gemischt. Diese Spieleentwickler haben eigene kleine Stände und stellen dort etwa ihr erstes Brettspiel vor oder holen sich sogar noch Feedback von ihren ersten Testspielern und Testspielerinnen. Teils können diese sich an den Produktionskosten beteiligen und dafür später zu den Erstspielenden gehören. Laut Veranstalter wurden auf der Messe 2021 zum Beispiel rund 1000 Neuheiten und Premieren vorgestellt, die meisten aber bereits druckfertig und kaufbereit.

Die Verlage bieten dann nicht nur die Möglichkeit, die Kisten aufzumachen und auszuprobieren, sie verkaufen die Spiele auch. Wer sein neues Lieblingsspiel gefunden hat, kann dieses direkt beim Verlag kaufen. Oft lohnt es aber nochmal weiterzugehen. Zwischen den Verlagen haben Händlerinnen und Händler ihre Stände aufgebaut, bei denen es die gleichen Spiele oft einige Euros günstiger gibt. Neben klassischen Gesellschaftsspielen gehören zum Angebot unzählige Kartenspiele – für ein, zwei oder mehr Personen. Und auch Cosplayer und Cosplayerinnen zieht die Messe an. Die Fantasy-Fans ziehen in bunten Kostümen durch die Hallen und treffen hier auf Gleichgesinnte. Sie bringen dadurch Figuren aus den Spielwelten in die reale Welt.

Info

Lage: Die SPIEL findet in Essen statt, im Süden des mittleren Ruhrgebiets; Messe Essen: Messeplatz 1, 45131 Essen

Die Messe SPIEL findet meist Anfang Oktober für vier Tage (Donnerstag bis Sonntag) statt.

Website: *spiel-messe.com*

HINWEIS: Direkt neben den Hallen ist der Grugapark. Er lohnt ebenfalls, aus Zeitgründen allerdings wohl eher an einem anderen Tag. Der Grugapark wurde für die erste Große Ruhrländische Gartenbau-Ausstellung (GRuGA) 1929 gebaut. Für die Bundesgartenschau wurde er 1965 erweitert. Er lädt wie viele andere Parks im Ruhrgebiet (etwa der Westfalenpark) zum Flanieren und Entspannen ein. Mehrfach im Jahr finden Veranstaltungen statt, zum Beispiel ein nächtliches Lichterfest im Winter. Dann illuminieren Lichtkünstler Großteile des Parks bei Dunkelheit; *grugapark.de* (siehe Tipp 7)

37 Geocache in Herten

ANALOGER AUSFLUG MIT DIGITALEM ABENTEUER

Die gesamte Vielfalt des Ruhrgebiets auf nur fünf Kilometern. Das bietet dieser Heimatmoment auf einer kleinen Wanderung. Hilfreich: Handy laden und einpacken.

Die Relikte der industriellen Hochphase sind im Ruhrgebiet überall zu sehen. Alte Fertigungshallen, begrünte Hügel aus Abraum und zwischendrin kleine und große Naturoasen. An der Zeche Ewald in Herne lässt sich vieles davon erleben. An dem Ort im zentralen Ruhrgebiet haben wir eine Heimatmomente-Tour vorbereitet. Der Rundweg ist knapp 5 Kilometer lang. Am Ende habt Ihr einen besonderen Ausblick und könnt Euch in ein kleines Büchlein eintragen.

Dieser Heimatmoment lässt sich idealerweise mit digitaler Unterstützung „lösen". Lösen, weil es ein kleines Rätsel ist: Wir haben einen Geocache versteckt. Das ist das Ziel, das Ihr finden müsst. Dafür braucht Ihr eine GPS-Unterstützung. Also zum Beispiel Euer Handy mit einer passenden App (siehe Infokasten) oder ein GPS-Gerät.

Die Ziel-Koordinaten bekommt Ihr, indem Ihr die Zahlen der Bilder in die richtige Reihenfolge bringt. Die Zahlen ergeben dann die Koordinaten. Und wie findet Ihr die richtige Reihenfolge? Indem Ihr diese Wanderung lauft und unterwegs die Augen offen haltet. Alle Fotos zeigen große und kleine Dinge, die sich am Wegesrand befinden. Wenn Ihr also zum Beispiel den Gegenstand von Bild-Nummer 5, die große „2 " mit dem Schriftzug „Schlosswald Herten", zuerst seht, wäre die unten am entsprechenden Foto aufgeführte Nummer – 5 – eure erste Ziffer für die Zielkoordinate.

Die Route, die Ihr gehen müsst, beschreiben wir Euch hier, gemeinsam mit einigen Infos, wo Ihr entlang wandert. Ihr könnt Euch aber auch digital navigieren lassen. Auf der App „Komoot", die Ihr nach dem Download kostenlos nutzen könnt, haben wir die Tour ebenfalls hinterlegt. Sie heißt dort „Heimatmomente Cache" (Link siehe Infokasten).

Los geht es unterhalb des alten Förderturms der Zeche Ewald. Dort wurde bereits 1877 die erste Steinkohle zutage gefördert. Schicht im Schacht war erst 133 Jahre später, kurz nach der Mil-

lenium-Wende. Die Kumpel von Ewald mussten teils sehr tief hinabfahren. Zeche Ewald hatte 1884 den tiefsten Schacht im Ruhrgebiet, ganze 624 Meter – zum Vergleich: später ging es bis auf rund 1250 Meter Teufe (Tiefe) runter. Heute stehen auf dem ehemaligen Zechengelände ein Gewerbegebiet, ein Museum mit Ausstellung und das Besucherzentrum zur Halde Hoheward.

Der Name der Zeche bleibt Programm. Unsere Tour führt Euch durch einen kleinen Wald zum Ewaldsee. Das 13 Hektar große Stillgewässer ist ein Baggersee. Wenn Ihr zum See kommt, stört Euer Naturerlebnis womöglich der Lärm der

nahen A2. Doch ohne die Autobahn gäbe es das Gewässer gar nicht – es entstand nämlich erst beim Bau 1935 und diente dann der Zeche als Kühlwasserreservoir. Heute ist der See nicht nur Naherholungsgebiet, sondern auch Heimat von Haubentauchern. Übrigens, Vorsicht Dortmund-Fans: Der Ewaldsee gehört teils schon zum Gelsenkirchener Stadtgebiet. Die Grenzen sind, wie so oft im Ruhrgebiet, aber nicht bemerkbar. Der Weg führt rechts herum und folgt dem Seeufer für zwei Drittel, bevor Ihr rechts abbiegt und einen langen, geraden Weg durch den Emscherbruch geht. Nur etwa 200 Meter entfernt gibt es mit dem Waldhaus Reese eine Einkehrmöglichkeit. Die lange Trasse lauft Ihr, bis Ihr zum Mondsee an der Ewaldpromenade gelangt. Von hier geht

9

1

3

9

es noch einige hundert Meter weiter, bis zum Parkplatz und dem Reeser Bach. Dort biegt Ihr links ab, ins Gebirge.

Na gut, Gebirge ist relativ. Aber es geht nach oben, auf die Ausläufer der Halde Hoheward. Die Halde ist das Herz des gleichnamigen Landschaftsparks und bietet viele verschiedene Attraktionen. Ihr geht aber nicht auf die Spitze, sondern bleibt an der Flanke. Dort kommt Ihr erst an „Balkon 9" vorbei und geht dann bis zur Bogenbrücke, vor der Ihr wieder links abbiegt. Am Seitenhang der Halde geht Ihr über den breiten Weg bis zur Ewald-Empore. Jetzt solltet ihr die Koordinaten zusammenhaben und den Cache damit finden. Wenn Ihr das kleine Schächtelchen gefunden habt, tragt Euch gerne ein und versteckt es anschließend schnell wieder – bitte an derselben Stelle, wo Ihr es gefunden habt. Jetzt könnt Ihr von der Empore noch den Ausblick genießen und dann seid Ihr schnell wieder am Ausgangspunkt, der Zeche Ewald. Dort gibt es mit dem Ewald Café eine weitere Einkehrmöglichkeit.

Die gesuchte Koordinate ist: 51._ _ _ _ _, 7. _ _ _ _ _

Info

Lage: Die Tour liegt in Herten, im Süden des mittleren Ruhrgebiets; Ausgangspunkt: Doncaster Platz 1, 45699 Herten

HINWEISE:

- Die Komoot-Tour findet Ihr unter: *komoot.de/tour/875952491?ref=wtd*
- Auf dem Gelände der Zeche Ewald ist heute auch das Besucherzentrum zum Landschaftspark Hoheward. Dort gibt es die interaktive Erlebnisausstellung „Neue Horizonte" sowie Infos zu vielen Attraktionen im ganzen Ruhrgebiet. Informationen: *hoheward.rvr.ruhr* (Suche: „Besucherzentrum")
- RevuePalast Ruhr: Die bunten Travestie-Shows finden seit 2009 in der ehemaligen Heizzentrale der Zeche Ewald statt; *revuepalast-ruhr.com*

38 Fackelwanderung auf Halde Hoheward in Herten

STERNENSUCHE IM FEUERSCHEIN

Bei einer Fackelwanderung durch die größte Haldenlandschaft Europas eröffnet sich einem ein neuer Blick über das Ruhrgebiet: unten Funkeln Lichter, oben die Sterne.

Die Halde Hoheward ist 151 Meter hoch. Nur. Oder immerhin? Der Höhenunterschied zum Fuße des Abraumhügels reicht nämlich aus, um eine andere Perspektive zu bekommen. „Noch schauen wir vor allem vor die Bäume. Gleich verändert sich das aber", sagt Wolfgang Coch. Der Reiseführer leitet unsere Gruppe und erklärt die Route der Fackeltour. So eine Fackelwanderung ist eine Möglichkeit die Halde Hoheward zu besichtigen. Das Besondere dabei sind die Fackeln – und die Aussicht im Dunkeln.

Wir starten am späten Nachmittag, Mitte Dezember. Noch ist es zu hell für Feuer, aber wir sind alle mit einer Fackel ausgestattet. Vom Besucherzentrum gehen wir durch die Reste der Zeche Ewald und die Seitenflanke der Halde entlang. Die rund 2,5 Kilometer lange Runde ist nicht wirklich anstrengend. Dafür wäre die Halde dann doch weder steil noch hoch genug.

Im Fackelschein über die dunkle Halde Hoheward

Die Wandergruppe spaziert in die Nacht hinein.

Reiseführer Wolfgang hat aber recht: Schon nach zwei Dritteln der Tageshöhenmeter können wir kilometerweit schauen. Wir sehen mehrere Fördergerüste alter Zechen, etwas weiter brennt eine große Flamme auf einem Schornstein. „Das ist Scholven", sagt Wolfgang Coch. Das Werk in Gelsenkirchen verbrennt überschüssige Gase – kein Grund zur Sorge, sondern eher Alltag.

Mittlerweile ist die Dämmerung fortgeschritten. Wir entzünden unsere Fackeln. Oberhalb stehen die zwei großen Stahlbögen des Himmelobservatoriums. Wir laufen weiter, gehen am Obelisk vorbei. Unter uns, teils Kilometer weit weg, leuchten Autos, Häuser und einige Kraftwerke. Und da ist das Riesenrad des Cranger Weihnachtzaubers, die Winterversion der Cranger Kirmes, der größten Kirmes des Ruhrgebiets.

Der Weg führt nun direkt zum Himmelsobservatorium. „Da haben sich die Architekten richtig was bei gedacht", schwärmt Wolfgang Coch. Die Sonne wandert etwa immer parallel zur Kurve eines der beiden Halbbögen. Und nachts wandert ein Stern genau im Abstand der Zacken einer Stehle. Das alles und noch mehr lässt sich direkt aus der Mitte des Observatoriums bewundern – nur, dass wir dort nicht hinkönnen. Das darf seit über zehn Jahren niemand mehr, da der Innenraum abgesperrt ist. Ein Bauzaun hindert uns am Betreten. „Wenige Wochen nach der Eröffnung wurde ein Riss festgestellt“, erläutert Wolfgang Coch. Seitdem läuft ein Rechtsstreit über Verantwortung und Kosten. Solang die Fragen nicht geklärt sind, wird offenbar auch nicht mit der Reparatur begonnen. Ärgerlich ist das nicht nur für alle Steuerzahler, die das Ganze finanziert haben, sondern vor allem für die Besucherinnen und Besucher dort oben.

Die Aussicht lohnt trotzdem. Die Fackeln brennen nun zunehmend runter, die ersten Gruppenmitglieder haben die letzten Zentimeter Glut schon weggeworfen und anschließend ausgetreten. Wir machen uns auf den Rückweg, der gerade bergab führt. Jetzt laufen wir über die Asphaltstraße. Die nutzen tagsüber gelegentlich die Vans, mit denen Teilnehmerinnen und Teilnehmer ebenfalls geführter Touren auf die Halde gebracht werden.

Info

Lage: Die Touren starten am Besucherzentrum in Herten, das zum Kreis Recklinghausen im Norden des mittleren Ruhrgebiets gehört; Werner-Heisenberg-Straße 14, 45699 Herten

Website: *hoheward.rvr.ruhr* (hier: „Veranstaltungen“)

HINWEISE:

- Die Fackeltouren finden im Herbst und Winter statt und starten kurz vor Beginn der Dämmerung.
- Zum Landschaftspark zählt außerdem die Nachbarhalde Hoppenbruch. Sie ist überregional für Ihre Mountainbikestrecken bekannt, die kostenlos genutzt werden können; *hoheward.rvr.ruhr* (Suche: „Mountainbike“)
- An der Zeche Ewald beginnt auch unser Heimatmoment „Analoger Ausflug mit digitalem Abenteuer“ (siehe Tipp 37)

Östliches Ruhrgebiet Nord

Dortmund | Hamm

Der Phönixsee in Dortmund

Östliches Ruhrgebiet Nord

39. Hindutempel Hamm: Gesänge und Gebete wie in Südasien
40. Maximilianpark Hamm: zu Besuch bei Schmetterlingen und Rieseneleefant
41. Zeche Zollern in Dortmund: Führungen durch das „Schloss der Arbeit"
42. Dortmund: Erholung im Park
43. DASA Dortmund: „Wie sieht es eigentlich auf Eurer Arbeit aus?"

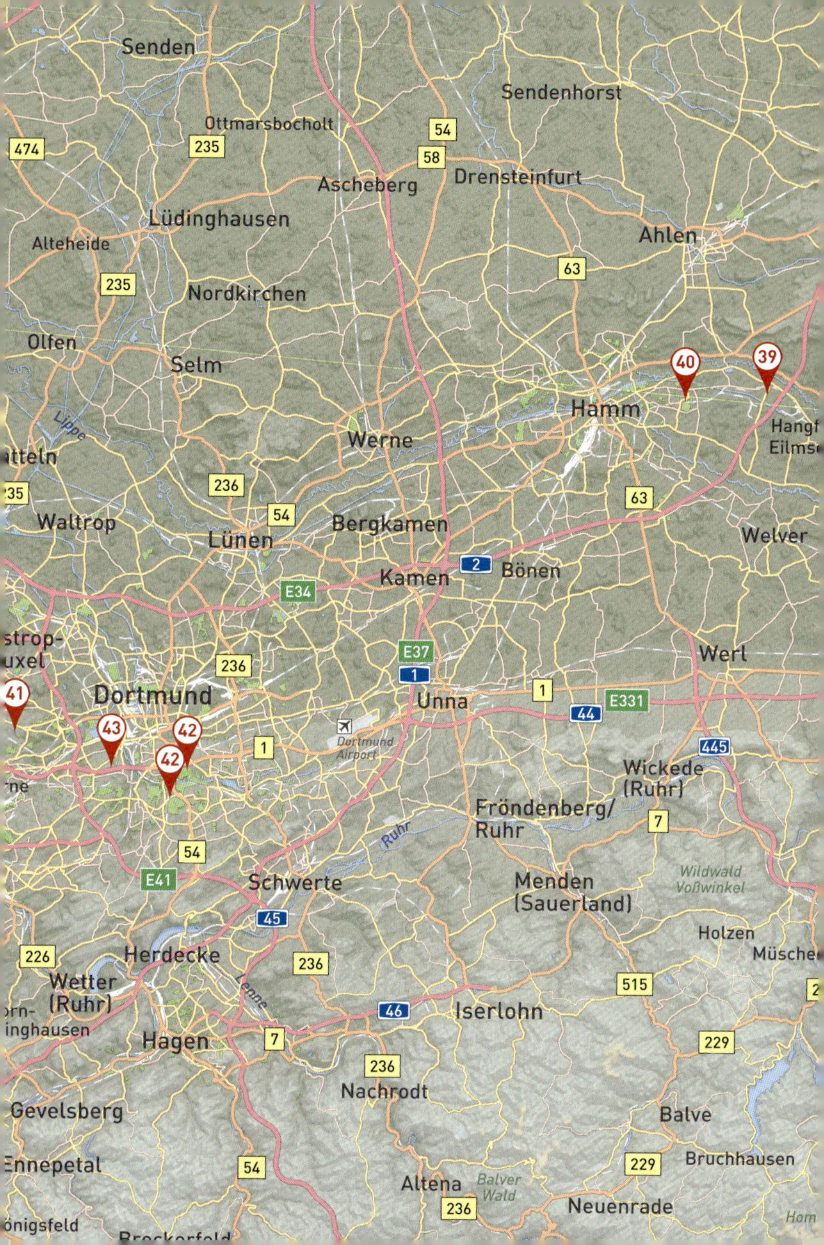
Senden
Sendenhorst
Ottmarsbocholt
Ascheberg
Drensteinfurt
Lüdinghausen
Alteheide
Ahlen
Nordkirchen
Olfen
Selm
Lippe
Hamm
Werne
Bergkamen
Waltrop
Lünen
Kamen
Bönen
Welver
Werl
Dortmund
Unna
Dortmund Airport
Wickede (Ruhr)
Fröndenberg/ Ruhr
Ruhr
Schwerte
Menden (Sauerland)
Wildwald Voßwinkel
Holzen
Herdecke
Wetter (Ruhr)
Lenne
Hagen
Iserlohn
Nachrodt
Gevelsberg
Balve
Bruchhausen
Ennepetal
Altena
Balver Wald
Neuenrade
39
40
41
42
42
43

39 Hindutempel Hamm

GESÄNGE UND GEBETE WIE IN SÜDASIEN

Am Rande des Ruhrgebiets steht der größte Hindutempel Mitteleuropas. Ein Besuch des Sri Kamadchi Ampal Tempel eröffnet Einblicke in eine für viele Menschen aus Europa wohl unbekannte Welt und Kultur.

Für ein Kulturzentrum und ein bedeutendes Gotteshaus ist der Standort alles andere als gewöhnlich: Der größte Hindutempel Mitteleuropas, der Sri Kamadchi Ampal Tempel, steht kurz hinter der Stadtgrenze Hamms, mitten in einem Gewerbegebiet. Dabei ist der Ort nicht zufällig gewählt: Ein Grund für diesen ungewöhnlichen Standort ist die Nähe zum Wasser, in dem rituelle Waschungen stattfinden können. In der Nähe gibt es nämlich die Lippe und den Datteln-Hamm-Kanal.

Der 17 Meter hohe, farbenfrohe und detailreich gestaltete Turm bildet die Spitze des in der Fläche 27 mal 27 Meter großen und massiven Tempelbaus. Insgesamt wird der Bau außerdem von über 200 Götterfiguren geschmückt, die Handwerker aus Indien vor Ort fertigten.

Diese Gottesnachbildungen wirken auf den ersten Blick menschlich – aber nur auf den ersten. Sie haben vier Arme. Und: „Alle haben ein gleiches Gesicht, makellos und absolut symmetrisch", beschreibt Ulrich Kroker. Der Hammer führt Besucherinnen und Besucher ehrenamtlich durch den Tempel. Während er vom Bauwerk und der Religion der Hindus erzählt, kommen Gemeindemitglieder vorbei. Vor allem die Frauen tragen auffällig schöne Kleidung. Bunte Kleider und Gewänder, teils mit üppigem Schmuck behangen. Die Gläubigen leben verteilt in ganz Europa. Auf dem Parkplatz stehen Autos mit Kennzeichen aus Frankreich und den Niederlanden. Sie sind fast alle Tamilen, eine Volksgruppe aus Sri Lanka.

Eine von über 200 Götterfiguren

Die meisten Gemeindemitglieder, oder ihre Vorfahren, flüchteten Ende der 1990er-Jahre aus Sri Lanka nach Europa. Ausgerechnet in Hamm landete damals

Das Tempeldach in seiner ganzen Farbenpracht

auch Siva Paskaran – mehr zufällig auf dem Weg von Berlin in die Niederlande. Er ist Priester und war unterwegs auf Hamm als möglichen Tempelort aufmerksam gemacht worden. Für ihn war das maßgeblich, sodass er den Bau initiierte und heute der Gemeinde vorsteht. Bei unserem Besuch läuft er gemächlich und barfuß über das Gelände, in einem orangen Gewand und mit langen weißen Haaren. Die Existenz des Tempels und der Gemeinde hänge aus praktischen und rechtlichen Gründen von ihm und seinen Nachfahren ab, erklärt Ulrick Kroker.

In der Mitte des Tempelgebäudes befindet sich ein großer Schrein. Darin steht eine geweihte Statue der Göttin Sri Kamadchi Ampal. Sie ist die Namensgeberin dieses Gotteshauses und die Hauptgöttin. Ampal bedeutet auf tamilisch Gottheit, Kamdachi ist die Göttin mit den Augen der Liebe. Es riecht nach Räucherstäbchen. Am Rand stehen palettenweise Milchpackungen. Mit Milch und Wasser werden die Götter gesegnet, sagt Ulrich Kroker. Aus Hygienegründen sind die Schreine deshalb von innen mit weißen Fliesen verkleidet. Am Rand, erst im zweiten Moment von außen sichtbar, hängt eine Duschbrause. Damit lassen sie sich anschließend reinigen.

Die Schreine dürfen nur von Priestern betreten werden. Die Gemeindemitglieder sowie die Besucherinnen und Besucher bleiben davor stehen und blicken durch die Eingangsöffnungen. Es gibt mehrere kleine und größere Schreine. Jeder ist einer

Gottheit gewidmet, die als Statue im Inneren sitzt und hinaus, in Richtung Osten, blickt. Während der Gottesdienste, den Poojai, trägt ein Priester in einem Sprechgesang seine Gebete vor und geht dann von Schrein zu Schrein. Er läuft dabei an vielen weiteren Statuen entlang. Gäste können dem dreimal täglich beiwohnen – ein Moment für besondere Einblicke in diese Religion, am Rande des Ruhrgebiets.

Geweihte Statue der Göttin Sri Kimadchi Ampal

Info

Lage: Der Hindutempel Sri Kamadchi Ampal liegt in Hamm, im Norden des östlichen Ruhrgebiets; Siegenbeckstraße 4-5, 59071 Hamm

Website:
hinduistische-gemeinde-deutschland.de

HINWEISE:

- Bei den Poojai können Besucherinnen und Besucher zuschauen, wenn sie leise sind. Die Fotoapparate müssen während der Dienste in den Taschen bleiben.
- Der Tempel ist, wenn er offen ist, kostenlos betretbar. Es lohnt aber, vorab eine Führung zu vereinbaren. Für die Führung wird um eine Spende an den Kulturverein gebeten. Die Führungen finden regelmäßig, aber nur nach Vereinbarung, statt.
- Einmal im Jahr, in der Regel im Mai oder Juni, findet das große Tempelfest statt. Die Statue der Göttin Sri Kamadchi Ampal wird dann in einem Prozessionswagen durch die Umgebung gezogen. In der Vergangenheit kamen bis zu 25.000 Gäste. Das genaue Datum hängt vom astrologischen Kalender ab.

40 Maximilianpark Hamm

ZU BESUCH BEI SCHMETTERLINGEN UND RIESENELEFANT

Der Maximilianpark in Hamm ist ein beliebtes Ausflugsziel für die ganze Familie. Neben vielen Blumen, Spaziergängen sowie Kunst und Kultur gibt es zwei echte Attraktionen: Falter und große Stoßzähne.

Unzählige Schmetterlinge schwirren zwischen den saftig grünen Pflanzen hindurch. Es ist schwülwarm. Einige der Falter sind handtellergroß und setzen sich auf die Bananenscheiben, die in den kleinen Futterschalen liegen. Das Schmetterlingshaus im Maximilianpark ist das größte in Nordrhein-Westfalen. Es gibt blaue, rote und grüne Falter – manche vereinen gleich mehrere bunte Farben. Insgesamt leben rund 80 verschiedene Arten in dem Haus, das 450 Quadratmeter groß ist. Dort herrscht permanent ein tropisches Klima von 26 Grad und hoher Luftfeuchtigkeit. Teiche und kleine Bachläufe entführen Besucherinnen und Besucher in eine Welt der Tropen. Dort machen etwa der bräunliche Bananenfalter oder der Atlas-Seidenspinner, der eine außergewöhnliche Flügelform hat, den Besucherinnen und Besuchern große Augen.

Ein Atlasfalter

Nicht ganz so tropisch geht es trotz des Namens auf dem Dschungelspielplatz im Maximilianpark zu. Kleine Wasserläufe, über die die Kinder etwa auf einer Holz-Ketten-Brücke balancieren müssen, gibt es aber auch dort. Und in einem Klettergerüst können sie sich Stück für Stück höherhangeln. Ums Klettern geht es auch bei den „Kletternetzen" – eine andere der insgesamt neun Spielanlagen im Park. Das Wasserfontänenfeld ist derweil bei hohen Temperaturen der beste Anlaufpunkt für Familien mit Bedarf nach Abkühlung. Überall spritzt und sprudelt das Wasser. Daher: lieber Wechselklamotten einpacken.

Im Maximilianpark gibt es außerdem noch eine Attraktion für Fans und Kenner der Gartenkunst. Seit 2011 können sich die Besucherinnen und Besucher in den farbenreichen und vielfäl-

Dieser Parkteil wurde durch den Landschaftsarchitekten Piet Oudolf gestaltet.

tigen Pflanzungen des Gartenarchitekten Piet Oudolf verlieren. Die Hammer Landschaftskomposition wird deshalb in einer Liste mit Parks in Chicago, Stockholm und New York genannt, wo der bekannte Niederländer ebenfalls gewirkt hat. Rund 7000 Quadratmeter Parkfläche hat Piet Oudolf gestaltet. In dem Areal wurden in den vergangenen Jahren insgesamt über 50.000 Stauden und Gräser gesetzt. Die Beete sind bewusst so angelegt, dass sich stets neue Blicke ergeben – je nachdem, welchen der kleinen Pfade man entlang schlendert und auf welche Plätzchen und Terrassen man gerade stößt.

Ganz gleich, ob mit Kindern zum Spielen, als Hobby-Fotograf im Schmetterlingshaus oder Lustwandler und Gartenliebhaber in Piet Oudolfs Staudenbeeten – alle Besucherinnen und Besucher sollten bei ihrem Ausflug noch am Wahrzeichen des Maximilianparks vorbeigehen, dem größten Elefanten der Welt. Das ist er zumindest nach Aussage der Parkverwaltung. Zugegebenermaßen bewegt sich das Tier mit dem langen Rüssel nicht und ist auch sonst nicht sonderlich lebendig. Dafür ist er aber eine Art

Gewächshauskonstruktion aus Glas und Stahl, die eine schöne Aussicht ermöglicht. Rauf geht es mit einem gläsernen Aufzug durch den Rüssel des Jumbos. Dort, in knapp 35 Meter Höhe, kann man Park und Umgebung gut überblicken. Der Elefant entstand aus dem Gebäude der ehemaligen Kohlewäsche von Zeche Maximilian. Für die erste Landesgartenschau in Nordrhein-Westfalen 1984 wurde er, wie der gesamte Park, nach den Plänen des Künstlers Horst Rellecke gebaut. Im Dunkeln lassen zahlreiche LED-Lichter den Elefanten in buntem Licht erstrahlen.

Info

Lage: Der Maximilianpark liegt in Hamm, im Norden des östlichen Ruhrgebiets; Alter Grenzweg 2, 59071 Hamm

Website: *maximilianpark.de*

HINWEIS: Im Park finden auch regelmäßige Veranstaltungen und Ausstellungen statt.

41 Zeche Zollern in Dortmund

FÜHRUNGEN DURCH DAS „SCHLOSS DER ARBEIT"

Ein Hauptgebäude wie ein kleines Herrenhaus, ein kleiner Park in der Mitte und dazu die eleganten Stahlgerüste von Fördertürmen. Die Zeche Zollern beeindruckt weniger mit ihren industriellen Kennzahlen. Dafür muten die Gebäude überraschend schön an. Die Fassaden sind teils geschwungen, der rote Backstein hat etwas Schickes an sich. Auf der gutshausartigen Anlage wurde bis 1955 Jahre Kohle gefördert. Die Kumpel kamen von der Schicht und liefen entlang dieser Gebäude. Eine surreale Vorstellung? Aus heutiger Zeit vielleicht, zur Bauzeit des Komplexes war genau das Kalkül.

Das besondere Industriedenkmal der Zeche Zollern kann man am besten mit einer Führung erkunden. Dort wird der Hintergrund der imposanten Backsteingotik gut erklärt – sie sollte den Erfolg der damals größten Bergwerksgesellschaft zeigen.

Das Verwaltungsgebäude in der Mitte sollte imponieren. Und zwar sowohl die eigenen Arbeiter als auch Konkurrenten und Geschäftspartner. Der Türbogen ist der Gotik nachempfunden, die Fassade der Romantik. Ein gewollter Stilmix, der „Historismus". Innen führt eine große Treppe mit einem reichhaltig verzierten Geländer in die zweite Etage. Wo einst Direktor und die Steiger arbeiteten, informiert heute die Dauerausstellung zum Beispiel über die Zeche zur Zeit

Das Verwaltungsgebäude von Zeche Zollern

des Ersten Weltkrieges und das Leid der Zwangsarbeiter.

Mit der Lohnhalle wollte das Unternehmen die eigene Belegschaft beeindrucken. Ein hoher Bau mit großen, bunten Fenstern – fast wie in einer Kirche. Drei Mal im Monat mussten die Kameradschaften, wie die Arbeitsgruppen unter Tage hießen, dort anstehen und ihren Lohn abholen. „Direkt vor dem Tor standen dann die Kinder und Ehefrauen, um das Haushaltsgeld zu holen. Erst danach durften die Bergleute in die Kneipe gehen", sagt Gästeführerin Felizitas Winkelkötter.

Ende des 19. Jahrhunderts entwarf der Architekt der Betreibergesellschaft, der Gelsenkirchener Bergwerks-AG, die Zeche Zollern II/IV. „Eigentlich sollte nur ein Wetterschacht entstehen. Aber sie hatten genug Geld, um gleich eine ganze Anlage hier hinzusetzen", sagt Gästeführerin Felizitas Winkelkötter. Ein Wetterschacht ist ein senkrechter Schacht zur Entlüftung der Bergbauanlage unter Tage. Heute steht über dem Wetterschacht ein Förderturm – wie damals. Allerdings nur zur Zierde, da er für die Entlüftung der Anlage keine Funktion hatte. Er sorgte aber für die Symmetrie. Denn genau gegenüber stand das eigentliche Fördergerüst, mit dem ab Zechen-

Die Maschinenhalle

eröffnung Kohle und Personal gefördert wurden. Heute stehen dort wieder zwei Gerüste. „Die beiden Fördertürme sind aber gar nicht von hier, sondern von zwei Zechen aus der Umgebung", sagt Felizitas Winkelkötter. Die Originale wurden nach der Schließung 1966 abgebaut. Das Schicksal drohte der gesamten Anlage. Doch es passierte lange Zeit nur wenig – bis in den 1980er-Jahren der Abriss endgültig verhindert wurde. Die Zeche Zollern II/IV wurde das erste Industriedenkmal Nordrhein-Westfalens.

Noch heute gilt sie als schönste Zeche des Ruhrgebiets. In den Ausstellungen wird über das Freizeitleben von Kumpeln, über die Toilettenpflicht vor Schichtbeginn und die Entwicklung der Grubenlampen informiert. Begehbar ist auch das Gebäude rund um den Förderturm, wo die Kohle vom sonstigen Gestein getrennt wurde. Zehn-Stunden-Schichten, bei rund 130 Dezibel Lärm. Ein Knochenjob – wie so viele in der damaligen Zeit auf den Zechen der Region.

Für Besucherinnen und Besucher von weiter weg wird hier die Arbeitsgeschichte einer ganzen Region greifbar. Für Einheimische spielen bei den Gruppenführungen die Geschichte und Mentalität des Ruhrgebiets eine Rolle – und auch die Herkunft mancher Alltags-Redewendung.

Das Eingangsportal des „Schloss der Arbeit"

Info

Lage: Die Zeche Zollern liegt in Dortmund, im Norden des östlichen Ruhrgebiets; Grubenweg 5, 44388 Dortmund

Website: *zeche-zollern.lwl.org*

Einkehren:

- Auf dem Gelände, im alten Pferdestall, ist ein gleichnamiges Restaurant. Dieses bietet gutbürgerliche Küche, auch außerhalb der Museumszeiten.
  Wer während der Öffnungszeiten des Museums (bis 17:30 Uhr) ins Restaurant will, zahlt dafür einen Euro Eintrittspreis, danach ist es kostenlos; *restaurantpferdestall.de*
- Wenn Ihr neapolitanische Pizza mögt, können wir Euch rund fünf Autominuten von der Zeche Zollern entfernt Mr. Pizza empfehlen. Nicht vom Ambiente und dem Namen abschrecken lassen! Provinzialstraße 218, 44388 Dortmund, *pizzeria-mrpizza.de*

HINWEISE:

- Zeche Zollern ist ein Standort und Hauptsitz des LWL-Industriemuseums. Insgesamt verbindet das Industriemuseum acht ehemalige Industriestandorte; *lwl-industriemuseum.de*
- Auf dem Gelände gibt es auch das „Montanium", das besonders für Kinder spannend ist. In einer langgezogenen Halle wird die technische Entwicklung im Bergbau veranschaulicht. Es gibt kleine Technikexperimente, Exponate und Videoanimationen.
- Vor den Toren der Zechenanlage liegt die „Kolonie Landwehr", eine alte Zechenhaussiedlung in ähnlichem Stil wie die Zeche. Dort wohnten die Arbeiter mit ihren Familien. Die Kolonien waren ein Versuch der Zechendirektoren, ihre Arbeiter an die Zeche zu binden, da es zu Beginn des 20. Jahrhunderts durchaus üblich war, dass die Arbeiter ihre Zechen und Arbeitgeber häufig und kurzfristig wechselten.

42 Dortmund

ERHOLUNG IM PARK

Einen entspannten Tag im Park – dafür empfehlen sich gleich mehrere Anlagen in Dortmund. Die grünen Oasen lassen sich gut kombinieren, bieten aber auch jeweils für sich ausreichend Möglichkeiten.

Schlendern, Schnuppern und Spielen. Das geht im Dortmunder Westfalenpark besonders gut. Die weitläufige Anlage, die für die Bundesgartenschau 1959 eröffnet wurde, bietet verschiedene Attraktionen. Insgesamt fanden in dem Areal in Innenstadtnähe schon drei Bundesgartenschauen statt. Für Jung und Alt gibt es vieles zu entdecken. Zwei Kinder stehen zum Beispiel fasziniert vor einer runden Scheibe. Sie drehen an dem Oval mit etwa einem Meter Durchmesser. Das zieht die Kinder mit einer optischen Täuschung in seinen Bann. Wenige Meter weiter warten ein kleiner Wasserspielplatz und verschiedene Spielgeräte am Wegesrand. Und damit nicht genug: Im Park gibt es mehrere große Spielplätze.

Das Deutsche Rosarium

Einmal im Park, gibt es viele kleine Attraktionen, die kostenlos sind. Dazu zählen etwa ein Kleinfeldfußballplatz, Beachvolleyball-Plätze oder eben die vielen Spielgelegenheiten. Und es gibt Blumen, viele Blumen und vor allem Rosen. Im Westfalenpark ist das Deutsche Rosarium mit rund 2600 Rosenarten beheimatet. Der sogenannte Rosenweg führt quer durch den Park, entlang kleiner und großer sowie weißer, roter und gelber Rosen. Ein Höhepunkt ist dabei die Rosenwand, die sechs Meter hoch und 65 Meter lang ist. Einen Abstecher ist auch der Rosengarten im 120 Jahre alten Kaiserhain wert. Die farbenprächtigen Blüten duften im Sommer. Dazwischen stehen immer wieder Parkbänke.

In dem Park, der sich um den 219 Meter hohen Fernsehturm aufbaut, lässt es sich problemlos mehrere Stunden verbringen. Einen ersten Überblick können sich die Besucherinnen und

Der Fernsehturm „Florian" überragt Park und Stadt.

Besucher bei einer Fahrt mit der kleinen Seilbahn verschaffen. Die führt in einer Höhe von etwa vier Metern einmal quer über die 70 Hektar große Anlage. Diese Sonderattraktionen kostet allerdings einige Euro extra, wie auch weitere Sonderaktivitäten, wie zum Beispiel ein Puppentheater oder eine Holzwerkstatt.

Kostenlose und günstige Lernangebote werden nur wenige Kilometer Luftlinie weiter geboten, im Botanischen Garten Rombergpark. Dort steht statt Spiel und Spaß vor allem die Pflanzenkunde im Vordergrund. Der Rombergpark ist mit seinen 68 Hektar das Zuhause von vielen exotischen Pflanzen, die in den großen Schauhäusern wachsen. Die Tropenhäuser sind rund 1000 Quadratmeter groß. Alle etwa 12 bis 15 Monate sorgt dabei der Titanwurz für üblen Gestank – und viel Aufmerksamkeit. Die große Blume blüht nur selten und dann nur wenige Tage. An den Wochenenden gibt es außerdem regelmäßig Führungen zu verschiedenen Themen.

Die Kinderführungen begeben sich etwa auf die Spuren von Spiderman. „Spiderman klebt an und bewegt sich mit Fäden – wir zeigen, wo das in der Natur vorkommt", erklärt Patrick Knopf, Leiter des Botanischen Gartens. Die Kinder schauen sich dann etwa Pflanzen wie den Breitblättrigen Wegerich an und wie sich aus den Blättern mancher Pflanzen Fäden lösen lassen. In den Bildungstouren für Erwachsene geht es hingegen unter anderem um die Inspiration von Künstlerinnen und Künstlern durch exotische Pflanzen oder durch eine große, künstlich angelegte Moorheide. Zur Ablenkung zwischendurch warten auf Kinder außerdem zwei Spielplätze, die aber im Botanischen Garten Rombergpark eher Beiwerk sind. Ein Gang durch die Kirschblütenallee lohnt vor allem im April.

Die Gewächshäuser des Botanischen Gartens Rombergpark

Info

Lage: Der Westfalenpark und der Botanische Garten Rombergpark liegen in Dortmund, im östlichen Ruhrgebiet;

- Westfalenpark Eingang Florianstraße: Florianstraße 2, 44139 Dortmund
- Botanischer Garten Rombergpark: Am Rombergpark 49b, 44225 Dortmund

Websites:

- *westfalenpark.dortmund.de*
- *rombergpark.dortmund.de*

HINWEIS: Der Botanische Garten Rombergpark ist vom Westfalenpark mit der U-Bahn-Linie 49 erreichbar (Haltestelle Westfalenpark und Rombergpark, ohne Zwischenhalt, Fahrzeit zwei Minuten).

43 DASA Dortmund

„WIE SIEHT ES EIGENTLICH AUF EURER ARBEIT AUS?“

In der DASA können Familien verschiedene Berufsbereiche kennenlernen und erleben. Auch solche, die es nicht mehr gibt oder sich gerade erst entwickeln.

Handwerker sind seit Jahren schwer zu bekommen. Das Absurde: Obwohl die Auftragsbücher voll sind, entscheiden sich zu wenige junge Menschen für eine Handwerksausbildung. Das ändert sich vielleicht nach einem Besuch auf dem Abenteuerspielplatz der DASA. Auf dem Außengelände können Kinder zum Beispiel Rohre verlegen und Mauern bauen. Die offensichtliche Gefahr: Die Kleinen sind schon begeistert und beschäftigt, bevor sie so richtig in der Ausstellung angekommen sind.

In der Ausstellung der neuen Arbeitswelten

Die Dortmunder DASA ist eigentlich eine Art Museum, heißt aber Ausstellung. Vor Corona haben jährlich rund 200.000 Menschen die Einrichtung des Bundes besucht. Gleich am Eingang stehen große, deckenhohe Vitrinen. Die Exponate sollen zum Nachdenken und Diskutieren anregen. Ausgestellt sind etwa eine Waschmaschine – passend zum Schlagwort Emanzipation. Und ein Roboter. Thema: Was ist eigentlich Arbeit?

Die Ausstellung ist vielseitig. Sie wird vom Bundesministerium für Arbeit und Soziales finanziert und soll der Bevölkerung dort Einblicke in die Arbeitswelten von Familienangehörigen, Freunden und Nachbarn ermöglichen. Dazu gehört auch ein Gefühl dafür, wie wichtig Arbeitsschutz ist. Die DASA bietet einen Rückblick in die Arbeitswelt der vergangenen Jahrzehnte, in die Arbeitsplätze der Gegenwart und eine Aussicht auf die Betriebswelten der Zukunft. Der Wandel ist eindrücklich: Bis vor wenigen Jahrzehnten standen zum Beispiel Schreibmaschinen und Telefone mit Wählscheibe in den Redaktionsstuben der Republik. Im Cockpit eines Airbus, das im Flugsimulator zu erleben ist, beherrschen Bildschirme und Instrumente das Bild. Und künftig wird künstliche Intelligenz die Bürolandschaften dominieren – soweit es überhaupt noch „Büros" im klassischen Sinne geben wird.

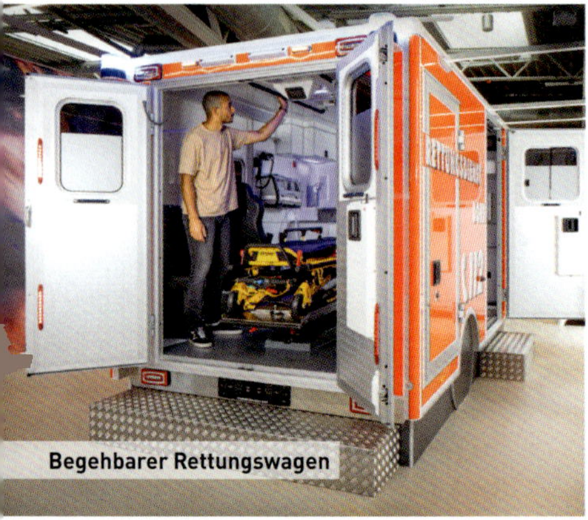
Begehbarer Rettungswagen

„Und Berufsorientierung – die bieten wir auch", sagt Monika Röttgen von der DASA. Zum Beispiel im Bereich „Heilen und Pflegen". Ein Blickfang ist dort der begehbare Rettungswagen. Das ist ein echter, kastenförmiger Aufbau der Dortmunder Feuerwehr. Zumindest einer, der ehemals selbst auf einen fahrbaren Untersatz geschraubt als Rettungswagen in den Straßen Dortmund im Einsatz war. „So ein Rettungswagen fasziniert und beängstigt Kinder gleichermaßen", sagt Monika Röttgen. Eine solche Angst soll den kleinen Besucherinnen und Besuchern genommen werden. Und vielleicht hat anschließend ja sogar der eine oder die andere Spaß und Interesse am Sanitäter-Job gefunden? Oder an der Arbeitswelt des Chirurgen, wenn sie in der DASA die eigenen Operationsfähigkeiten ausprobiert haben. Reicht die Fingerfertigkeit und Konzentration für minimalinvasive Eingriffe im Krankenhaus-OP? Das können die Besucherinnen und Besucher in einem weiteren Simulator testen.

Obwohl das Berufsfeld Heilen und Pflegen noch immer vom Menschen geprägt ist, spielt die Digitalisierung dort eine immer größere Rolle. Das verdeutlicht in der DASA Roboter „Peppa". Er soll Seniorinnen und Senioren im Altersheim unterhalten, erklärt

DASA-Mitarbeiterin Monika Röttgen. Ob das klappen kann? Und ist das ein sinnvoller oder nötiger Ersatz für menschliche Betreuung? Die Kuratoren wollen auch an dieser Stelle wieder zur kontroversen Diskussion anregen.

Trotz aller Robotik, Elektronik und Digitalisierung – in der DASA stehen immer eine ganze Reihe echter Mitarbeitender für Fragen und Erklärungen bereit. Sie helfen zum Beispiel beim Ausprobieren der alten Druckerpresse. Und sie erklären, wie der „Harvester" funktioniert. Der Simulator versetzt die Besucherinnen und Besucher virtuell in die Berge des Sauerlandes, kurz nach dem Jahrhundertsturm Kyrill 2007. Wälderweise sind damals die Bäume umgekippt – viel Arbeit für die Waldarbeiterinnen und -arbeiter, die mit schwerem Gerät anrückten, sogenannten Harvestern. Wie viel Arbeit damals wartete, lässt sich selbst in der DASA nur im Ansatz nachspüren – aber immerhin.

Lage: Die DASA liegt in Dortmund, im Norden des östlichen Ruhrgebiets; Friedrich-Henkel-Weg 1-25, 44149 Dortmund

Website: *dasa-dortmund.de*

Einkehren:

- Hicc up: rund zehn Minuten Fußweg von der DASA entfernt. Die Kneipe bietet unter anderem Burger, Nudeln und Pizza an und ist nicht nur bei Stammgästen beliebt; *hicc-up.de*

HINWEISE:

- Die DASA entwickelt sich auf ihren 13.000 Quadratmetern Ausstellungsfläche ständig fort. Neben der Dauerausstellung gibt es wechselnde Sonderausstellung. Die DASA ist in dieser Form bundesweit einzigartig.
- Die Ausstellung ist so konzipiert, dass Besucherinnen und Besucher sich selbstständig und ohne Führung durch die DASA bewegen können. Gruppenführungen sind individuell zu buchen.

Östliches Ruhrgebiet Süd

Hagen | EN-Kreis Ost (Wetter, Herdecke, Gevelsberg, Ennepetal, Breckerfeld) | Kreis Unna

Die Glörtalsperre in Breckerfeld

Östliches Ruhrgebiet Süd

44. Freilichtmuseum Hagen: historisches Handwerk zum Anfassen
45. Radtour Dortmund-Schwerte: mit dem Rad zur Fast-Emscherquelle
46. Discgolf Lünen: Scheibensport mit Golf-Feeling
47. Lichtkunst Unna: Es leuchtet bunt, kreativ, einzigartig
48. Künstlerhof in Fröndenberg: Kunst und Essen, wo einst Tiere lebten
49. Breckerfeld: Wanderparadies im Südosten des Ruhrgebiets
50. Kluterthöhle Ennepetal: Krabbeln und Kriechen durch schlammigen Lehm

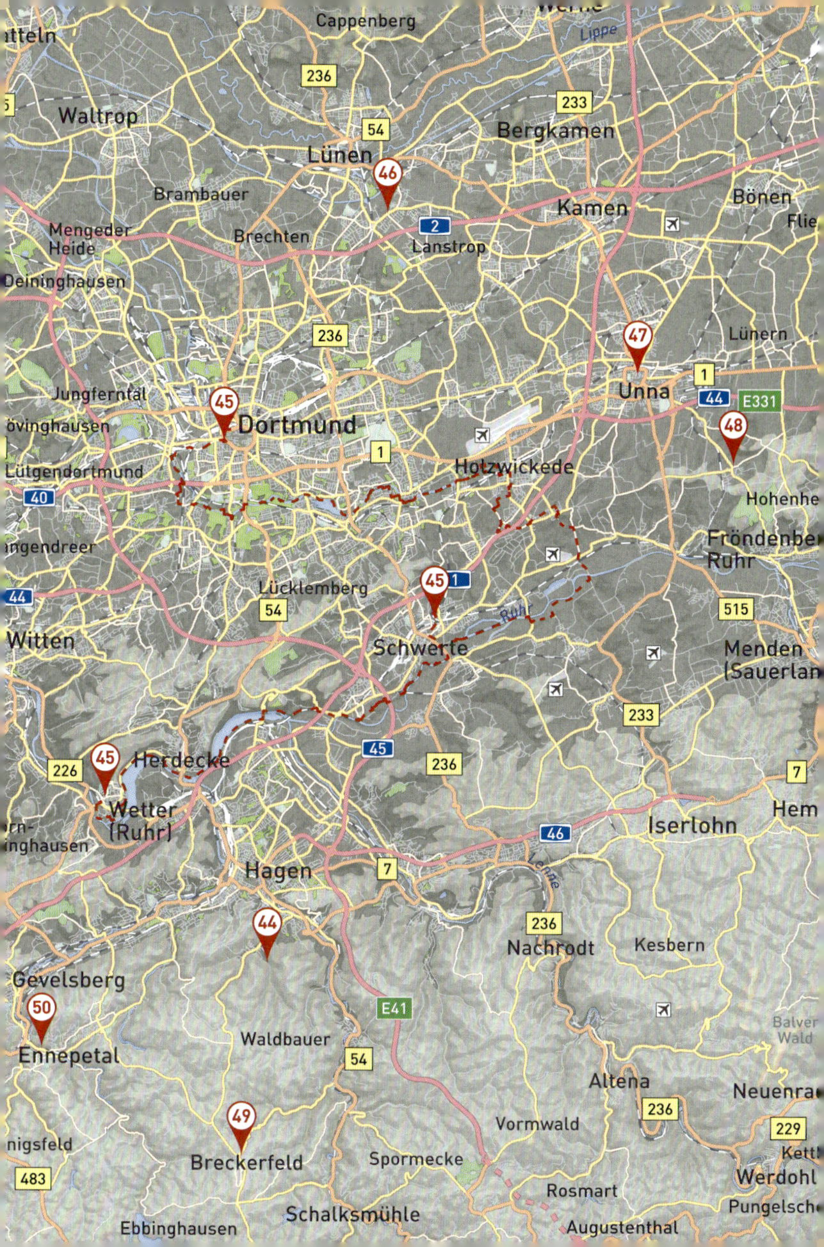

Cappenberg
Lippe
236
233
54
Waltrop
Bergkamen
Lünen
46
Brambauer
Kamen
Bönen
2
Mengeder Heide
Brechten
Lanstrop
Deininghausen
236
47
Lünern
Jungferntal
45
Unna
1
44
E331
Dortmund
48
1
Holzwickede
Lütgendortmund
40
Hohenhe
Fröndenbe
Ruhr
44
Lücklemberg
45
1
Witten
54
Ruhr
515
Schwerte
Menden
233
45
236
45
Herdecke
226
7
Wetter (Ruhr)
Hem
46
Iserlohn
Hagen
7
Lenne
44
236
Nachrodt
Kesbern
Gevelsberg
50
E41
Balver Wald
Waldbauer
Ennepetal
54
Altena
236
Vormwald
229
49
Werdohl
Breckerfeld
Spormecke
Rosmart
483
Schalksmühle
Ebbinghausen
Augustenthal

44 Freilichtmuseum Hagen

HISTORISCHES HANDWERK ZUM ANFASSEN

Bäcker, Schmiede und Besenmacher – sie alle fertigen im Hagener Freilichtmuseum bis heute Produkte. Besucherinnen und Besucher lernen nicht nur viel, sondern erleben es hautnah mit.

Die Scheibe aus Hartplastik liegt gut in der Hand. Auf dem kleinen Infoschild steht, dass das Ziel in 81 Meter Entfernung ist, aktuell von einigen Bäumen versteckt. Dieses Ziel ist ein Kettenkorb, etwa anderthalb Meter hoch. Wie beim Golf der Ball, muss beim Discgolf das Frisbee in den Korb. Drei Würfe sind dafür bei dieser Bahn eigentlich vorgesehen. Na dann – ausholen, genau zielen und ... Abwurf! Die Scheibe gleitet dahin, dreht dann ab und landet im Gras. Immerhin: Die Richtung stimmt.

Stück für Stück arbeiten sich die Spielerinnen und Spieler näher an den Kettenkorb heran. Erfahrene Discgolferinnen und -golfer brauchen für so eine Bahn tatsächlich nur die angegebenen drei Würfe, teils sogar weniger. Erstspielende sind damit ziemlich

Hartmut Wahrmann wirft die Disc Richtung Korb.

sicher länger beschäftigt. Doch das ist gar nicht schlimm: Zeit ist nämlich beim Discgolf ausreichend vorhanden – die Parcours sind in der Regel öffentlich, die Nutzung kostenlos.

Das gilt auch für den Parcours im Lünener Seepark. Dort stehen 13 Bahnen, die eine Hälfte der sechstgrößten Discgolf-Anlage Europas. „Unsere Anlage ist sehr attraktiv und abwechslungsreich – es geht mal hoch, mal runter", sagt Hartmut Wahrmann, Vorsitzender des örtlichen Vereins Lünen Lakers. Weitere 13 Bahnen liegen im Bereich der „Alten Ziegelei" fußläufig entfernt und gehören zum Gesamtparcours. Für Erspielende und Ausflügler genügen allerdings vermutlich die Bahnen im Seepark.

Pause am Lünener Seepark

Discgolf wird letztlich wie Golf gespielt. Anstatt des Balles gibt es aber die Discs, anstatt der Löcher die Zielkörbe. Die Spieler werfen nacheinander. Nach jeder Runde ist derjenige zuerst dran, dessen Scheibe vom Korb am weitesten entfernt gelandet ist. Der Sport ist für alle Altersklassen geeignet und verbindet Natur, Spaß und Bewegung gleichermaßen. Die Profis können beeindruckend weit und platziert werfen – es macht aber auch ohne die Erfahrung eine Menge Spaß. Allerdings passen unerfahrene Spielerinnen und Spieler bitte ganz besonders auf andere Menschen im Park auf.

Und sie müssen die Scheibe eventuell auch mal aus Büschen oder Dickicht hervorholen.

Und wenn es auf Anhieb nicht so gut läuft, dann gibt es im Seepark noch eine andere Attraktion: den Horstmarer See. In dem kann man nicht nur schwimmen, es ist sogar ausdrücklich erlaubt. Zwar gibt es keine Infrastruktur, wie Umkleiden. Dafür bieten rund 3500 Quadratmeter Sandstrand ausreichend Platz zum Sonnen und Entspannen. Zusätzlich gibt es eine weitere Liege- und Spielwiese. Gerade an heißen Sommertagen lassen sich das die Lünenerinnen und Lünener nicht zweimal sagen. Der Horstmarer See wird dann von bis zu 5000 Menschen besucht.

Info

Lage: Der Seepark liegt in Lünen, das zum Kreis Unna gehört und im Norden des östlichen Ruhrgebiets liegt; Seepark: Baukelweg 3, 44532 Lünen. Parkplatz Horstmarer See: Scharnhorststraße 22, 44532 Lünen

Website: *luenen.de/freizeit-tourismus/ausflugsziele-sehenswertes/ausflugsziele*

HINWEISE:

- Der Discgolf-Parcours im Seepark ist für erfahrene Spielende sowie Anfängerinnen und Anfänger geeignet. Der örtliche Verein bietet immer sonntagnachmittags bei gutem Wetter ein Schnuppertraining und einen Scheibenverleih an; *lakersluenen.de*
- Im Ruhrgebiet gibt es noch weitere Parcours. Für Erstspieler sind auch die Anlagen in Dortmund und Witten zu empfehlen. In Dortmund gibt es am Wochenende im Revierpark Wischlingen einen Scheibenverleih *(drivediscgolf.de/discgolfcenter)*; die Wittener Anlage geht auf eine Initiative des Autoren zurück und ist ebenfalls kostenlos nutzbar. Den Scheibenverleih haben zwei nahe gelegene Einzelhändler übernommen *(discgolf-witten.de)*

47 Lichtkunst Unna

ES LEUCHTET BUNT, KREATIV, EINZIGARTIG

In Unna, wo einst Heinrich Heine Halt machte, sind regelmäßig internationale Künstler und Künstlerinnen zu Gast. Die sorgen in einem alten Keller in Unna für inspirierende Atmosphäre.

Früher blubberte Hopfensaft in tiefen Becken, heute setzt Licht die hohen Kellergewölbe in Szene. Die Stadt Unna hat aus einer lange währenden Not eine ganz besondere Tugend gemacht: das Zentrum für internationale Lichtkunst. Es ist nach eigener Aussage das einzige weltweit. Und das scheint die Szene zu wissen. Neben den Exponaten der Dauerausstellung kreieren viele Künstlerinnen und Künstler regelmäßig Installationen für Sonderausstellungen.

Faszinierende Lichterkunst

In das Museum kommen die Besucherinnen und Besucher in der Regel nur mit einer Führung. „Erst beim zweiten Besuch dürfen Sie ohne runter", sagt eine Mitarbeiterin an der Kasse. Das macht gar nichts – mit Führung lernt man schließlich noch viel leichter etwas über die Werke. Los geht es, hinab in den Keller. Und dort über eine Mischung aus Zickzack-Stahlgerüst und -steg. Unter uns, etwa vier Meter tiefer, leuchtet in weißer Schrift ein Zitat. Was steht da? Das können wir nicht so direkt lesen. „Der Künstler will, dass Sie sich mit dem Text auseinandersetzen, nicht einfach drüber lesen", erklärt unsere Führerin. Das klappt.

Es ist eine Textpassage über den Sinn der Welt von Heinrich Heine. Heine war einst auf seiner Winterreise für einige Tage in

Unna, gastierte im Hotel eines Bekannten. Er schrieb wenige Zeilen über die Stadt im östlichen Ruhrgebiet. Das nahm ein US-Künstler rund 150 Jahre später zum Anlass, ein passendes Heine-Zitat auszuwählen.

Wir kommen in den ersten Raum der Sonderausstellung. Große bunte Lichtrahmen hängen hintereinander von der Decke. Die intensiven Farben ziehen einen direkt in ihren Bann. Die Lichtkunst wird im Museum erlebbar. Wie man die Kunstwerke interpretiert, bleibt allen selbst überlassen. Zum Beispiel in zwei der nächsten Räume, wo farbige Schleifen unter der Decke hängen. Rote, weiße, dunkelblaue und hellblaue. „Tunnel der Tränen" heißt das Werk des verstorbenen US-Künstlers Keith Sonniers. Die Tränen lösen bei allen Besucherinnen und Besuchern in unserer Gruppe unterschiedliche Assoziationen aus.

Der „Tunnel der Tränen"

Mit dem Zentrum für Internationale Lichtkunst ist in Unna aus einer ehemaligen Brauerei im Stadtzentrum ein besonderer Ort geworden. Für die Stadt und ihre Einwohnerinnen und Einwohner war es ein Schlag, als die Lindenbrauerei zunächst 1972 von einem großen Lebensmittelunternehmen aufgekauft und nur wenige Jahre später geschlossen wurde. Es dauerte über 20 Jahre und brauchte mehrere vergebliche Anläufe, um die

Nachfolgenutzung zu finden. Nun verbindet die Kunst alt und neu. Die „loftartigen" Räume mit Industriecharme geben der Kunst die Chance sich zu entfalten.

Die Sonderausstellungen wechseln regelmäßig

Info

Lage: Das Zentrum für Internationale Lichtkunst liegt in Unna, das zum gleichnamigen Kreis gehört und im Norden des östlichen Ruhrgebiets liegt; Lindenplatz 1, 59423 Unna

Website: *lichtkunst-unna.de*

Einkehren:

- Una – mein Backcafé: Für ein leckeres Stückchen Kuchen und einen Kaffee im Anschluss können wir das Café, nur wenige Meter weiter, empfehlen; Massener Straße 21, 59423 Unna, *una-cafe.de*
- Beliebt sind außerdem: Café Moller *(cafe-moller-unna.de)* und bei Rad-Fans das Rad-Café „Stahlhaufen" *(stahlhaufen.de)*, wo in rustikaler Atmosphäre sogar Radrennen im TV gezeigt werden.
- Im Soziokulturellen Zentrum Lindenbrauerei finden auch gelegentlich Partys statt; *lindenbrauerei.de*. In der dazugehörigen Kneipe „Schalander" gibt es exklusiv das noch immer dort gebraute Lindenbier.

48 Künstlerhof in Fröndenberg

KUNST UND ESSEN, WO EINST TIERE LEBTEN

Im östlichen Kreis Unna gibt es jedes Wochenende Kunsthandwerk und besondere Speisen. Zu bestimmten Anlässen steigen auf dem ehemalige Bauernhof sogar große Feste, die Besucher und Besucherinnen aus der ganzen Region locken.

Der Künstlerhof Sümmermann

Auf dem Hof in der kleinen Ortschaft Frömern, die zu Fröndenberg gehört, sind seit Jahren keine Schafe oder Kühe mehr zu Hause. Künstler, Antiquitätenhändlerinnen und Köche haben die Räume übernommen. Auf Hof Sümmermann bedienen sie jedes Wochenende ihre Gäste.

Die Hofeinfahrt wirkt zuerst relativ unscheinbar, wie die eines ganz normalen Bauernhofes. Doch das alte Gehöft erwacht jedes Wochenende an den Nachmittagen zum Leben. In einem Geschäft stöbern Besucher und Besucherinnen durch Kunstobjekte. Es gibt Skulpturen aus verrostetem Metall, stählerne Kerzenständer und Feuerschalen. Nebenan hat ein Fotoatelier den alten Bauernhoftrakt bezogen. In einem Hofcafé gibt es Kaffee, Tee und Kuchen.

Um das Thema Essen dreht es sich auch auf der gegenüberliegenden Seite – und zwar um das Genießen. Dort wird Wein ausgeschenkt, und auf der Speisenkarte der Vinothek „Alte Stallungen" stehen wöchentlich andere Gerichte. Hinter einer großen Glasscheibe stehen die Köchinnen und Köche. Sie bereiten schon vormittags eifrig den Gaumenschmaus vor. Es gibt nur eine Handvoll Tische, die schnell und wohl meist schon im Vorfeld reserviert worden sein dürften. Wer zur rechten Zeit kommt, kann aber auch ohne Essen etwas Besonderes beobachten: die Zubereitung von Baumkuchen. Am Ende der Küche dreht sich eine lange Stange mit Teig. Nach und nach wird sie dicker – so entsteht das typische Zebramuster eines Baumkuchens. Das geschieht dort noch in Handarbeit. Mit Schokolade überzogen gibt es den Kuchen in diesem Laden oder in der Innenstadt von Unna zu kaufen. Ein Genuss, der aber nicht ganz günstig ist.

Wer nach dem Besuch des Kreativ-Bauernhofs noch weiter will, kann keine fünf Autominuten entfernt den Bismarckturm besuchen. Hof Sümmermann und den Turm verbindet auch der Westfalen Wander Weg. Von der Turmspitze hat man eine schöne Fernsicht. Der knapp 20 Meter hohe Turm liegt nämlich direkt oberhalb langgezogener Felder und auf der größten Anhöhe der Umgebung. Der Turm wurde von Anhängern des deutschen Kaiserreiches gebaut und 1900 eingeweiht. Auf seiner Spitze wurden abends Feuer entzündet, um bis weit in die Ferne die Sympathie zum deutschen Reichskanzler Bismarck auszustrahlen. Heute ist die Turmpforte gelegentlich für Ausflüglerinnen und Ausflügler geöffnet. Dort starten auch einige Wanderungen, die diesen Ausflug an die Grenzen des Kreises Unnas – und damit des Ruhrgebiets – sehr gut abrunden können.

Der Bismarckturm

Das Erntedankfest auf Hof Sümmermann

Info

Lage: Der Bauernhof Sümmermann liegt in Fröndenberg, das zum Kreis Unna im Norden des östlichen Ruhrgebiets gehört; Von-Steinen-Straße 1, 58730 Fröndenberg/Ruhr. Bismarckturm: Hubert-Biernat-Straße 2, 58730 Fröndenberg/Ruhr

Websites:

- *hof-suemmermann.de*
- *bismarckturm-unna.de*

HINWEISE:

- Der Westfalen-Wander-Weg führt direkt am Hof entlang. Ihr folgt dem Weg in Richtung Westen, nach knapp 3,6 Kilometern verlasst Ihr den Weg und geht zum Turm. Zurück geht es über den gleichen Weg.
- Außerdem noch zwei Touren, die uns vom Hof Sümmermann empfohlen wurden, zu beiden gibt es Komoot-Touren. Heimatmomente-Tour: Steinbruch östlich von Frömern, knapp vier Kilometer lang: *komoot.de/tour/843038631?ref=wtd*; Heimatmomente-Tour: Wanderung nach Törtchenschmiede, mit Bismarckturm, rund elf Kilometer lang: *komoot.de/tour/843039018?ref=wtd*

49 Breckerfeld

WANDERPARADIES IM SÜDOSTEN DES RUHRGEBIETS

Wandern in der teils einsamen Natur der Mittelgebirge – das geht am Rande des Ruhrgebiets. Die kleine Stadt Breckerfeld ist ein echtes Kurzurlaubsziel. Wir empfehlen eine unserer Lieblingswanderungen.

Die Metropole Ruhr ist geprägt von ihren Halden als meist einzigen Erhebungen in der Umgebung. Doch die höchste Erhebung ist natürlichen Ursprungs. Ein echter Berg – oder eher Hügel –, der 442 Meter misst: Der Wengeberg liegt in Breckerfeld, ganz im Südosten des Ruhrgebiets. Die Landschaft rund um die Kleinstadt ist eine, wie sie sonst eher aus dem Sauerland bekannt ist. Das wundert kaum, denn hinter der Stadtgrenze Breckerfeldes endet die Metropole Ruhr – auch politisch. Und doch ist man aus Städten wie Bochum, Dortmund oder Essen in weniger als einer Stunde dort.

Herbstwandern in Breckerfeld

In dem Luftkurort leben nicht viele Menschen. Es gibt auf den Hügeln und in den Tälern Landwirtschaft und Wälder. Das sind gute Voraussetzungen für die vielen kurzen und mittellangen Wanderwege. Die sind teils so schön, dass es sich aus der gesamten Umgebung lohnt, in die 9000-Einwohner-Stadt zu fahren. Die meisten Strecken beginnen direkt im Ortskern, entweder am Busbahnhof oder an der nahe gelegenen St. Jacobus-Schule.

Von dort führen die fast komplett hervorragend ausgeschilderten Wege in die Täler und Waldgebiete der Umgebung. Der Weg A10 geht zum Beispiel entlang schöner Aussichten bis zur Glörtalsperre. Der kleine Stausee ist einer der beliebtesten Erholungsorte in der Region. Nicht umsonst gibt es hier zig Park-

Die Glörtalsperre von oben

plätze. Die Besucherinnen und Besucher kommen zum Spazieren, zum Einkehren oder zum Schwimmen. Dafür bietet sich am besten das Naturbad an. Klassenfahrten nehmen oft die Stockbetten der Jugendherberge in Beschlag. Der Wanderweg A10 führt halb um die Glörtalsperre herum. Die Talsperre markiert etwa die Hälfte des insgesamt 13 Kilometer langen Wegs. Für den setzt das örtliche Tourismusbüro rund dreieinhalb Stunden an.

Eine weitere Talsperre auf dem Stadtgebiet Breckerfelds ist die Ennepetalsperre. Dort kommt man über den Wanderweg A19 hin. Die rund zwölf Kilometer lange Rundtour führt eher über Felder und nur zeitweise durch Wälder. Dafür ist das Wasser von Bäumen umgeben. Die Talsperre dient der Trinkwassergewinnung. Das Ufer ist recht steil, die Wasserkante kaum erreichbar. Unser Tipp für Wanderinnen und Wanderer ist daher, ein leckeres Picknick einzupacken und an einer geeigneten Stelle, in der Nähe der Talsperre, Rast zu machen. Und dabei den Blick auf das Wasser zu genießen – schwimmen oder am Ufer liegen geht an der Ennepetalsperre eher nicht.

Der Weg führt über die Talsperre.

In Breckerfeld gibt es noch weitere Wanderrouten. Man trifft zwar unterwegs gelegentlich auf andere Wanderinnen und Wanderer – meistens ist man aber doch ziemlich allein unterwegs. Im Winter sind die Strecken ebenfalls lohnend. Einmal angekommen, gilt es, den Schlitten auspacken. Denn die Wege führen einen immer wieder entlang guter Rodelhänge. Ein alter Skilift in Breckerfeld wurde im Sommer 2022 zu einem Rodellift umgebaut. Für den Skibetrieb war in den vergangenen Jahren nicht mehr ausreichend Schnee gefallen, berichtet die Lokalpresse. Daher wird nun umgerüstet. Und die Zeichen stehen auf Wintervergnügen: Zum Rodeln ist weniger Schnee nötig, weshalb die Chancen auf Rodelliftbetrieb besser stehen. Daneben hält Breckerfeld als Hansestadt eine kleine touristische Infrastruktur bereit, wozu auch einige Ferienwohnungen zählen. Manche der beschriebenen Wanderwege führen auch an Restaurants vorbei.

Info

Lage: Breckerfeld gehört zum Ennepe-Ruhr-Kreis, im Süden des östlichen Ruhrgebiets; Bus-/Wanderparkplatz: Ostring 20, 58339 Breckerfeld

Einkehren/Übernachten:

- In Breckerfeld gibt es verschiedene Restaurants und Ferienwohnungen. Eine Übersicht bietet die Seite des örtlichen Stadtmarketings: *stadtmarketing-breckerfeld.de/tourismus.*
- Eine Übernachtungsmöglichkeit für Gruppen und Klassenfahrten bietet die Jugendherberge an der Glörtalsperre: *jugendherberge.de/jugendherbergen/gloersee-360/portraet*

HINWEISE:

- So schön die Wanderungen auch im Winter sind: Nach frischem Schneefall kann es passieren, dass die Zufahrtsstraßen nach Breckerfeld schwer passierbar sind.
- Die 200 Meter lange Rodelpiste und der kleine Lift sind bei guten Schnee- und Wetterbedingungen am Wochenende geöffnet.
- Breckerfeld liegt an einem Abschnitt des Jakobswegs. Das 42 Kilometer lange Teistück von Hagen bis Lennep ist gut mit dem Jakobsweg-Schild ausgewiesen.
- Übersicht über alle aktuell gepflegten und nicht mehr gepflegten Wanderrouten in Breckerfeld und Umgebung: *stadtmarketing-breckerfeld.de/wandern-gps* Unsere Empfehlung: Wanderroute A 10.

50 Kluterthöhle Ennepetal

KRABBELN UND KRIECHEN DURCH SCHLAMMIGEN LEHM

Die drittlängste Höhle Nordrhein-Westfalens liegt im Ruhrgebiet. Die Kluterthöhle in Ennepetal ist aber die einzige, in der Besucherinnen und Besucher für einige Stunden zu Höhlenforschern werden können. Das sollte man sich nicht entgehen lassen – wobei es eher ums Krabbeln geht.

Ein schweres Eisentor versperrt den Eingang zum fast sechs Kilometer langen Höhlensystem unweit der Innenstadt von Ennepetal. Dort geht es nur mit einer Führerin oder einem Führer hinein – und mit dem nötigen Schutzhelm. Schon beim Reingehen macht es das erste Mal „Klack" – Hartplastik trifft auf harten Fels.

Nach nur wenigen Metern geht es über ein kleines Mäuerchen zwei Meter hinab. Und ab dort wird gekrochen. Das einzige Licht stammt jetzt von der Helmlampe – und die ist dort, im inneren des Berges, viel wert. Dennoch: Irgendwie sieht alles gleich aus. „Ich habe einige Eselsbrücken gebraucht", sagt Höhlenführerin Sarah lachend und zeigt zum Beispiel auf einen Karabiner in einem größeren Stein. So hat sie sich den Weg durch das Höhlensystem gemerkt. Ohne sie wären wir nun gänzlich aufgeschmissen.

Es gibt verschiedene Führungen durch die Höhle. Die Erlebnistour ist für diejenigen geeignet, die Lust auf Abenteuer haben und nicht ganz unsportlich sind. Sarah führt uns an einigen der unzähligen Versteinerungen vorbei. „Das hier war mal ein Seeschwamm", erklärt die 31-Jährige. Muscheln, Ammoniten und die Reste eines

Mit Helm und Stirnlampe durch die engen Gänge

ganzen Riffs liegen seit Millionen Jahren im kalten Fels. „Nur keine Fische", sagt Sarah. Denn die seien zu schnell weggeschwommen, als eine Schlammlawine alles andere unter sich begrub und für ewig konservierte. Das war vor circa 385 Millionen Jahren. „Also noch vor den Dinosauriern", macht Sarah deutlich.

Dreckige Klamotten gehören dazu.

Wir krabbeln weiter. Teils müssen wir uns durch Löcher stemmen und über Felsvorsprünge hieven. Die vergangenen Tage hat es geregnet, oben auf dem Klutertberg. Das Wasser steht nun an wenigen Stellen einige Zentimeter hoch. Unterwegs kreuzen wir Gänge und größere Räume, in denen Lampen angebracht sind. Sarah und ihre Kolleginnen und Kollegen führen hier Familien und andere Gruppen durch, dann ohne Kriechen und Krabbeln. Dabei erklären sie die Fossilien und die Geschichte der Höhle. Die ist erstmals 1586 erwähnt worden und seit 2019 Nationales Naturmonument. Sie ist in städtischer Hand; Forschende, zum Beispiel der Ruhr-Universität Bochum, kommen regelmäßig hierher.

Durch die Gesteinsformation fließen zwei Bäche. Wir begegnen ihnen bei unserer knapp zweistündigen Tour mehrfach. Und Sarah führt uns entlang dreier der insgesamt vier Seen. Der Königssee ist groß, seine Ausmaße lassen sich kaum abschätzen. „An der tiefsten Stelle ist er acht Meter tief", sagt Sarah. Wir laufen weiter und sind mittlerweile von oben bis unten voller Lehm. Darauf waren wir vorbereitet – mit alten Hosen, Wanderschuhen und Regenjacken. Mittlerweile ist uns auch gut warm, obwohl in der Höhle ganzjährig nur etwa zehn Grad Celsius herrschen. Das Klettern und Kriechen fordert.

Wir kommen zum Ende der Tour, dem Fuchsloch. Das ist die schmalste Stelle der Runde. Also: wieder auf den Bauch und Stück für Stück vorwärts. Unter dem Bauch und direkt über den Schultern ist der braune, kalte Fels. Kein guter Ort für Platzangst. Wer darunter nicht leidet, dürfte bei der Tour keine Probleme, dafür aber eine Menge Spaß haben.

Info

Lage: Die Kluterthöhle liegt in Ennepetal, das zum Ennepe-Ruhr-Kreis im Süden des östlichen Ruhrgebiets gehört; Gasstraße 10, 58256 Ennepetal

Website: *kluterthoehle.de*

HINWEISE:

- Die Erlebnistour geht anderthalb bis zwei Stunden; für die ganze Familie bieten sich die Touren „Erste Einfahrt" (ca. 45 Minuten) oder „Fossilienreise" (ca. eine Stunde) an. Klettern und Kriechen gibt es bei diesen Touren nicht, dafür einen Einblick in diese besondere Welt im Fels. Für Erwachsene finden Kulturveranstaltungen statt, etwa Musik- („Höhlenklänge") oder Theateraufführungen.
- Die Kluterthöhle ist auch ein Luftkurort. Insbesondere Asthmatiker und Allergiker kommen für Therapien in der feuchten Luft in die Höhle. Dafür stehen in einem etwas abgesonderten Bereich einige Liegen bereit.

Umspannwerk, RE
Landschaftspark Hoheward
Nordsternpark 7,8
Zollverein 16
Jahrhunderthalle, BO 12
44
Re.-Süd
Halde Hoppenbruch

Das kleine
Wörterbuch

Das kleine Wörterbuch

B

Bedröppelt – niedergeschlagen, traurig
Blagen/Kinnas – Kinder

D

Dönekes – Quatsch oder kleine lustige Geschichten; „Der Oppa hat wieda Dönekes erzählt"

E

Ette – früher Bezeichnung für Frauen o. Mädchen, heute für „Die/der da"
Eumel – liebenswerter Trottel

F

Furzknoten – kleines Kind

G

Genitiv – als Kasus unbekannt; „Wen sein Fummel is dat?"
Glück auf! – Bergmannsgruß, Ausruf zur Begrüßung

H

Hasset? – Hast du es?
Heiopei – unzuverlässige Person
Hömma! – Hör mal!

K

käbbeln – streiten
Kawenzmann – großes Tier, großer Mensch
Ker! – Ausruf; Kurzform von Kerl; „Ker, hömma!"
Killefitt – eine Kleinigkeit
Kniffte – Butterbrot
Komma bei mich bei! – Komm mal her!
Kopp – Kopf, zum Beispiel Laberkopp
Kumpel – früher Bergmänner, heute Freunde oder Bekannte

M

Malochen – hart arbeiten
Mauken – Füße, auch „Quanten“ genannt
Mopped – Universalwort für allerlei Gegenstände; „Gib mir ma dat Mopped“
Muffensausen – Angst vor etwas
Mummpitz – Unsinn

N

Nölen – nörgeln, jammern

O

Oschi – großer Gegenstand
Omma, Oppa, Vadda, Mudda – Oma, Opa, Vater, Mutter

P

Piene – Schmerzen, Beispiel: „Ich hab Kopppiene“
Pimpernellen kriegen – sich über etwas aufregen; „Da krich ich die Pimpernellen“
Pinneken – Schnapsglas
Pöhlen – Fußball spielen, vor allem auf Bolzplätzen
Pommes-Schranke – Pommes mit Ketchup und Mayonnaise
Poofen – tief schlafen
Pott – Kurzform für Ruhrpott/Ruhrgebiet, großer Kaffee
Pulle, Pülleken – eine Flasche, eine kleine Flasche (i. d. R. ein kleines Flaschenbier)

R

Röllekes – „Rolle“, überhängendes Bauchfett
Rumklamüsern – basteln, arbeiten, ohne festes Ziel
Rumschawenzeln – umherschleichen, jemanden umgarnen

S

Schicht im Schacht! – Jetzt ist aber Schluss hier! Kann ermahnend oder erschöpft gemeint sein.
Schisselameng – Wertloses, unnützes Zeug
Sich beömmeln – über etwas lachen
Sperenzkes – Dumm-, Albernheit, Schwierigkeiten

T

Trallafitti – Feier, Trubel, Vergnügen; „Warsse wieda auf Trallafitti?"

V

Verkasematuckeln – Universalwort, 1. etwas in kurzer Zeit und größerer Menge essen/trinken; 2. etwas genau und detailliert, erklären, 3. jemanden verprügeln

W

Wat, dat – was, das
Wat sachse? – Was sagst/meinst du?
Willse? Wollnse? – Willst du? Wollen Sie?

Na, wat sachse?

Register

Ein ganz besonderer Dank geht an Michael Gustrau, der uns als begabter Hobby-Fotograf mit tollen Fotos ausgeholfen hat. Teils ist er extra für diesen Reiseführer mit Kamera und Drohne losgezogen. Außerdem gehen Dank und Grüße für das gelungene Autorenbild an unseren Freund Stephan Happe raus.

360°

In der Reihe sind u.a. bisher erschienen:

Christian Dose,
Carolin Gerstenmaier
ISBN 978-3-96855-086-2
Preis 14,95 €

Bernadette Olderdissen
ISBN 978-3-96855-071-8
Preis 14,95 €

Rasso Knoller
ISBN 978-3-96855-266-8
Preis 16,95 €

Anke Fietzek
ISBN 978-3-96855-075-6
Preis 14,95 €

Dolores Kummer
ISBN 978-3-96855-302-3
Preis 16,95